好男儿
出发吧

冯化志 / 编著

中国商业出版社

图书在版编目（CIP）数据

好男儿出发吧 / 冯化志编著． -- 北京：中国商业出版社，2019.8
 ISBN 978-7-5208-0827-9

Ⅰ．①好… Ⅱ．①冯… Ⅲ．①男性－青春期－健康教育 Ⅳ．①G479

中国版本图书馆 CIP 数据核字（2019）第 142400 号

责任编辑：常 松

中国商业出版社出版发行
010-63180647　www.c-cbook.com
（100053　北京广安门内报国寺 1 号）
新华书店经销
山东汇文印务有限公司印刷
*
710 毫米×1000 毫米　16 开　13 印张　160 千字
2020 年 1 月第 1 版　2020 年 1 月第 1 次印刷
定价：48.00 元
*　*　*　*
（如有印装质量问题可更换）

前言

青春期的男孩和女孩一样，都是大街上一道亮丽的风景线，他们阳光、帅气，就像一轮朝气蓬勃的太阳，受人们喜爱和呵护。

男孩的生理和心理特性使得他们好动、顽皮、胆大、好奇，甚至有点"野气"，这些与女孩不一样的个性，是一个男孩逐渐变成一个男子汉时必须要经历的非同一般的人生历练。

现代社会竞争激烈，对于男人的要求很高，一个男人要想立足社会，必须要有足够的知识积累和社会交际能力，而要想取得成功，还要具备志向、毅力、勇气以及吃苦耐劳、奋斗进取等诸多思想品质。那么，一个男孩在步入社会之前，要做好哪些人生准备呢？

首先，男孩要学会自立。男孩一旦成年，就不能像在家里一样，事事都依靠父母生活，也不能饭来张口衣来伸手了。作为一个男子汉，要学会自己的事情自己料理，只有自立才能自强，才能凭借自己的能力闯出一片广阔的天地。请记住：依赖父母的孩子是注定不会有出息的。

其次，男孩要有目标。在进入社会之前，我们就要为自己做好明确的定位，明白自己的兴趣爱好和志向等，才会清楚自己适合做什么工作。只有做好职业规划，并加强相关知识能力的学习，步入社会时才能使自己少走弯路，才会避免毫无方向的瞎碰。

第三，要敢于面对困难。我们初入社会，不可能一帆风顺，因为社会竞争太激烈了，遭遇一些意想不到的困难和挫折往往在所难免。因此，作为男子汉，要勇敢面对并想办法克服困难。任何畏难、退缩情绪，都是成功大敌，都会阻扰我们前进的步伐。

第四，要学会自我充电。时间是个宝贵的东西，它从来不会为任何人停留，作为男孩要抓住时间，不要让光阴在岁月中无声无息地流失。要在有限时间里，学习更多知识，以增加阅历经验，开阔眼界，这样才能在社会上立足。

最后，要认识真善美。什么是"真"？"真"就是对自己实事求是，不要骗自己，也不要骗别人，要诚实做人做事，诚实的男人最可爱；"善"就是要善待别人，也要善待自己，其实就需要具有善良的行为；"美"就是要追求美好事物。生活是充满希望的，只要你常常抬头看看太阳，你就能感受到温暖，因此要乐观地追求美好人生。

本书是专门为男孩步入社会之前准备的"成长指导书"，主要从男孩生理、心理成长特征出发，并从他们学习、生活、习惯、个性等细节入手，通过对青春、外貌、气质、风采、个性、情感、萌情、友谊等专题的研究探讨，让男孩在迷茫中找到准确方向，在遇到困难挫折时得到及时帮助。

点亮人生的明灯，找到生活的方向，做好步入社会的一切准备，那么，你一定会赢在人生的起跑线上，一定会创造美好的未来！好男儿出发吧！

目录

第一章 青春与阳光

青春脸谱：阳光男孩成长地平线 …………………… 002

成长检测：你对自己感到满意吗 …………………… 005

阳光男孩：青春少男的酷性帅气 …………………… 008

自我诊断：你具有冒险精神吗 ……………………… 010

花样年华：把你的青春秀出来 ……………………… 012

青春防线：就是不做坏男孩 ………………………… 016

心灵闯关：你哪里最让人讨厌 ……………………… 019

第二章 翩翩美少年

秘密成长：阳光男孩的青春发现 …………………… 026

完美男孩：展示你的形体美 ………………………… 029

形象设计：坐立走样样有型 ………………………… 031

挑战自我：修炼模特般的身材 ……………………… 034

自我检查：你的锻炼方法正确吗 …………………… 038

健康驿站：你的饮食方式健康吗 …………………… 040

神采飞扬：绽放你的阳光表情 …… 043

声声入耳：让你的谈吐更有魅力 …… 046

照照镜子：看看你的形象怎么样 …… 049

第三章 帅就一个字

清新自然：男孩要照顾好"面子" …… 054

简约之美：让你的头发更有型 …… 058

爱心忠告：青春期保护好嗓子 …… 060

青春加分：你给人的第一印象如何 …… 063

我型我秀：简单帅气的穿衣搭配 …… 065

时尚风采：你的穿着是否时尚 …… 068

第四章 个性藏不住

闪光青春：阳光少年的个性塑造 …… 072

冲浪季节：你的个性成熟了吗 …… 079

看我飞翔：让我们独立飞翔 …… 082

把握自己：你的独立性怎么样 …… 084

成长洗礼：我的性格我做主 …… 086

心灵港湾：你有鲜明的个性吗 …… 090

形色人生：每个人都有自己的性格 …… 092

第五章 秀出真风采

翩翩少年：阳光少年优雅气质 …… 098

青春密码：你的气质类型是什么 …… 100

阳光风采：青春的魅力无极限 ········· 106

魅力A+：你在哪些人面前最有魅力 ········· 108

踏浪季节：魅力是这样练出来的 ········· 111

成长指南：你是否走向了成熟 ········· 114

绅士风度：处处展现迷人风采 ········· 117

彩色风铃：你是不是真正的绅士 ········· 119

第六章 你的心我懂

秘密轰炸：阳光男孩的青春期烦恼 ········· 124

心灵咖啡：你的心理适应能力怎么样 ········· 128

幸福人生：快乐男孩的健康心态 ········· 132

心理漫画：你的精神状况怎么样 ········· 137

心海扬帆：每棵小草都能随风起舞 ········· 140

痛并快乐：不经历风雨怎能见彩虹 ········· 142

成长考验：你的抗挫折能力有多强 ········· 145

心田日出：让心情在阳光下舞蹈 ········· 148

晒客部落：你是一个乐观的男孩吗 ········· 152

第七章 酸涩青苹果

情感迷雾：掀起青春期情感的盖头来 ········· 158

青春解锁：你是否患有青春期综合征 ········· 162

悄悄话儿：青春期男孩应该知道的事 ········· 164

心灵直击：你敢于尝试新鲜事物吗 ········· 168

青春滋味：远离青春期情感烦恼 …………………………… 171

青春忠告：网恋，一场游戏一场梦 …………………………… 172

一触即发：你是否有早恋的倾向 ……………………………… 174

第八章 友谊连连看

青春学分：谁的青春不需要友谊 ……………………………… 178

成长导航：结交朋友其实并不简单 …………………………… 182

谁知我心：有你在我不会孤单 ………………………………… 185

友谊迷宫：你们的友谊有多深 ………………………………… 187

纯洁友谊：男女孩交往是青春的权利 ………………………… 190

测试一下：你能得到大家的欢迎吗 …………………………… 193

警世通言：这些雷区千万踩不得 ……………………………… 195

第一章 青春与阳光

青春是一道充满阳光的风景,是一首用热情和智慧唱响的赞歌。生命易老,时光飞逝,无论失败或是成功,青春总会留下印迹。把握青春,才能让我们的生活更加阳光。

青春脸谱：阳光男孩成长地平线

随着时间的流逝，我们好像一下子就长大了，悄悄地步入了如同阳光一样灿烂的青春年华了！就像一首歌里唱的那样：

童话里的世界五彩斑斓，
雨露下的花朵扬起笑脸。
我们是阳光少年，
快乐地快乐地成长在美丽的校园。

进入青春期，随着情感意识的悄然萌动，我们从过去注重父母的认同逐渐转为注重同伴、群体的认同，开始注重修饰和打扮了。当我们还是小孩子的时候，我们可以任由父母按照他们的喜好和意愿打扮自己，父母说好看，我们就觉得好看。

可是，当我们进入青春期之后，我们不愿再做父母眼里的乖乖宝了，我们开始尝试挑战权威，掌控自我。"我的地盘我做主"是我们心里最强烈的愿望。在青少年时期，自己的形体外貌无疑是我们学习自主控制的最好"地盘"。

在这个美好时期里,对我们男孩来说,走在大街上,我们最希望有哪个女孩突然指着我们说:"看,那个男孩好阳光哦!"此时,我们的内心一定高兴无比,然后帅气地回头给对方一个灿烂的笑容。

是的,这就是我们男孩的形象魅力啊!那么,作为一个青春少年,你也想成为同学和朋友心中的阳光男孩吗?这需要多方面努力!

衣着整洁

一个衣着整洁、得体,干干净净、清清爽爽的男孩,总能让人忍不住多看几眼。的确,这样的男孩没有名牌的衬托,没有奇奇怪怪的发型,却能真真切切地散发出阳光男孩特有的朝气和活力,就像清晨的第一缕阳光,让人倍感舒适、清新。

举止稳重

别以为我们是男孩就可以上蹿下跳,就可以张牙舞爪地大声喊叫,或者穿着拖鞋到处乱跑。这样不顾形象的男孩,有谁会喜欢呢?

阳光男孩无论做什么事情,都应该沉着稳重,概括起来就是:当止则止、当立则立、当静则静、当让则让。具体的表现就是在不同的场合和气氛下,举止行为都应适宜、适度和得体。

举个例子来说吧,假如在庄重、肃穆的集会中,如果你突然做出几个滑稽动作,平时的"幽默感"便成了哗众取宠;课堂上,你急切地希望老师点你的名字就高举手臂,甚至跃然而起,就太"过"了;参加讨论会时,你滔滔不绝、高谈阔论,甚至反客为主,就很不得体。举手投足间都保持着文雅、稳重,这样的男孩才更阳光!

宽容豁达

小肚鸡肠、斤斤计较的男孩最让人看不起。男孩要有气度,要胸怀广阔，能容人容事。不要总为一些小事发脾气或忧思恼怒。要学会谅人之短，扬人之长，懂得与别人分享所取得的成绩，更懂得"吃亏是福"的道理。我们还应该主动去帮助他人，正所谓"予人玫瑰，手留余香"。

一个心胸宽广、豁达的男孩，更容易取得他人的信任和友爱，心里会永远充满阳光！

幽默风趣

现在，想一想，什么样的人具有吸引人的魅力？为什么我们很喜欢与某一位同学聊天，又觉得另一位同学说话太古板，这其中的差别，可能就源于一个元素，那就是幽默。

我们要明白真正懂得幽默的人，是自我嘲笑，而不是嘲笑他人。所以，不要自认为聪明地用损人的方式，不留口德地让他人难堪，让大家发笑就是幽默，这只会自毁形象。

幽默风趣也不能过"度"，应该分场合、环境或对象，否则会引起对方的反感，更谈不上什么形象了。阳光男孩的幽默风趣是一种绅士的风度，所代表的意思是有内涵而不失文雅。

乐观开朗

记得电视剧《家有儿女》中的刘星吗？他脸上永远挂着阳光般的笑容，凡事都乐观处之，即使对平凡的事物也有着浓厚的兴趣，认为"会学也会玩"才是真聪明。在他的身上总会散发出一种活力，透着一种乐观和阳光的气息。这样的男孩谁都喜欢与之交往。

有礼有节

我国历来被誉为"礼仪之邦"，阳光男孩要懂礼貌、有修养，时时刻刻有礼有节：见到熟人微笑着打招呼，不乱扔垃圾，在图书馆等公共场所不高声讲话、嬉戏打闹，乘车时绝不会自己抢先挤上去……

有礼貌、有教养体现在我们生活中的方方面面，一个懂礼貌、有教养的男孩，处处都会得到大家的喜欢！

有责任感

男孩最能让自己青春发光的品质就是有担当，敢作敢为。不论遇到何种情况，都一肩扛起；是自己的责任不但不会一手推开，反而会做到最好；言出必行，所谓"君子一言，驷马难追"，做不到的事情不会说，说了就会努力做到。

照顾弱小

看到同学摔倒你是否会主动把他扶起来？春游或者夏令营时，你会不会主动拣重担挑，并尽自己所能帮助女同学？

现在你知道阳光男孩为什么吸引人了吗？是的，如果你能让身边的人因为自己的笑容而感到舒心，因为自己的行为而感到快乐，那么，你就是一个百分百阳光男孩了。

成长检测：你对自己感到满意吗

虽然我们可能每天都会照镜子，但也许你并不真正地了解自己，不知道自己到底怎么样。是啊，你对目前的自己感觉满意或者不满意，但又说不出个所以然。再或者，你想稍微改变一下自己的生活方式，但又不知道从哪些地方下手。

让我们通过一组测试了解一下你的真面目吧，这样也许能够找到改变自己的方向呢！

1. 早上刚出门，路过的轿车溅起许多泥水，弄污了你的衣服。请问，你会怎么办？

A. 觉得自己真倒霉，整天的情绪为之消沉。

B. 并不是什么了不起的事，不放在心上。

C. 考虑到那些污渍可能洗不掉，所以把对方的车牌号码记下来，一旦需要，可找对方赔偿。

2. 平时大家相处很愉快，集体游玩时，只有自己没有接到邀请或通知。请问，你会怎么办？

A. 正好自己有事要办，没接到邀请，觉得更省事。

B. 觉得自己是不是做错了什么才招致别人排斥。

C. 询问主办人：究竟是联络疏忽了，还是自己有什么过失。

3. 半夜，睡得正香，突然来了一个拨错号码的电话。请问，你会怎么办？

A. 告诉对方"拨错电话了"，如果知道对方想拨的号码，就顺便告诉他。

B. 对方道歉后，说："没什么！谁都可能拨错！"说完倒头又睡。

C. 说："搞清楚！现在几点了！"然后用力把电话挂断。

4. 约好在车站前见面的，可是等了20分钟后，朋友还是不见踪影。这时，天开始下雨了。你会怎么办？

A. 心想：他老是迟到，总是让人等。

B. 心想：应该是塞车，才赶不及；不过，还是想办法再联络看看。

C. 心想：或许他有事情绊住了，不过等待也没那么痛苦。

5. 你是否希望将来自己成为某一行业中的顶尖人物？要不然，就成为"明星人物"？

A. 是的。　　　　B. 没有意见。　　　　C. 不。

6. 你在一些技艺，如钢琴、书法或运动方面，总是希望自己比别人强吗？

    A. 是的。   B. 没有意见。   C. 不。

7. 你是不是特别喜欢利用假日到处走走，去看或听一些新奇、难得一见的事物？

    A. 是的。   B. 没有意见。   C. 不。

8. 你对自己所做的事情很感兴趣，一旦开始，就会做到令人满意的程度吗？

    A. 是的。   B. 没有意见。   C. 不。

9. 你是不是一直很关心当前的流行语，而且会"跟着流行走"？

    A. 是的。   B. 没有意见。   C. 不。

10. 你是不是不善于跟各种不同年龄的人交谈？或者，可能的话，你希望避开那种场合？

    A. 是的。   B. 没有意见。   C. 不。

计分方法

题号	A	B	C	题号	A	B	C
1	1	2	3	6	3	2	1
2	2	1	3	7	1	2	3
3	3	2	1	8	3	2	1
4	1	3	2	9	3	2	1
5	3	2	1	10	1	2	3

得分解析

10～16分：消极型

你总是认为事情不顺利是由于自己能力不足，或是运气太坏；而且你认为不为琐事所拘是一种美德。因此，在"改变自己"方面，你是属于消极型的。这种类型的人具有"内罚性"的性格，凡事含蓄保守，一旦有问题，总觉得错在自己。可以说，正是由于这种个性，所以你"改变自己的言行和生活方式"的机会就溜掉了。如果是真心满足现状的话，还无伤大雅；要是只因为"看着来"而不得不安于现状的话，就令人惋惜了。希望你能够从身边的一些小事开始，一点一滴地寻求改进。

17~23分：满足型

你喜欢接触新事物，同样，你也会很爽快地抛开它们。你对眼前自己和周围的状况大致是满意的，换言之，可以说是"现状满足型"的人。如果你平常的言行都是依据自己的意志来决定的话，应该没有什么问题。但是，一旦你经常因为周围人的意见或压力而产生动摇的话，你可能会对现状不满。所以，还是有点主见吧！

24分以上：积极型

你对自己的能力相当自信，大部分的事情是自己一个人干脆利落地处理解决的。必要的话，你不会犹豫不决、疑神疑鬼，而是会采取各种应变措施。因此，你在"改变自己的言行和生活方式"方面，可以说是积极型的人。这种类型的人容易遭到如下的批评："凡事太计较了！""太过于正经八百！""装腔作势，令人恶心！"由于积极地寻求改变，你难免会被人认为"用情不专"。积极改变自己是相当有意义的，但是，对你而言，知己也是相当重要的，毕竟"知己知彼，百战不殆"嘛！

阳光男孩：青春少男的酷性帅气

走在校园里，你有时会发觉，自己常常会因为同学的一句"真帅"或

"好酷啊"而偷偷地发笑。特别是当女同学这样对你嘀嘀咕咕时,你简直开心极了,你会觉得这代表你很有个性,也很时尚!真希望"对面的女生看过来"啊!

但是,你是否认为打扮举止怪异,总与老师或家长对着干,一天说的话加起来不到三句的人才是"酷"呢?错!其实,怪异不是酷,叛逆不是酷,冷漠不爱说话也不是酷!

阳光少年的酷性帅气应该是健康的,充满美感的。这是一种气质,是一种形象,需要我们好好地"修炼"。那么,我们怎样"修炼"呢?

童心

我们步入美好的青少年时期,就告别了快乐的童年,但不要丢掉我们的童心。有童心的男孩更有教养、懂礼貌、有上进心,善良、正直,更懂得尊重别人。

有童心的男孩,他的世界往往天空晴朗,阳光灿烂。假如一个男孩面对玩具始终无动于衷,那么他肯定不是一个具有童心的人。

冒险

作为一个阳光少年,我们的心总是蠢蠢欲动的,从来就不理解安分的真正意义。对冒险的渴望,让很多人为整个人类的发展作了重大贡献。而对于每个敢于冒险的男孩来说,冒险能够磨炼我们的意志,能够让我们克服恐惧,这就是一种成长!

野性

说起野性,好像并不好听,但阳光少年的本质的确包含了野性的因子。我们总是血气方刚,浑身充满着斗志,而且往往一不小心就会流露出来。所以我们爱刀、喜枪、好玩闹,尽管现在已经很少有真正舞刀弄枪的机会了,然而我们还是会想要保护和珍藏自己的这份野性,使自己的青春更有个性。

我们转移了能展示自己的野性的目标,爱上极限刺激的运动。于是,公园里、操场上总有我们潇洒地踏着滑板、骑着极限自行车飞旋翻转的身影。但记着,不要到马路上"展示"自己的风采!

创新

著名教育家苏霍姆林斯基指出:"人的心灵深处都有一种根深蒂固的需要,这就是期望自己是一个发现者、研究者和探索者。"

是的,在阳光少年的骨子里,也有这种期望。正是因为有了创新,人类才从树上来到了地上;正是有了创新,我们的祖辈才告别了刀耕火种;正是有了创新,才有了我们现在的幸福生活。

现在你知道什么是真正的"酷"和"帅"了吗?保持一颗纯洁的童心,敢于创新和冒险,追求时尚和品位,这才是阳光少年真正的酷性和帅气啊!

自我诊断:你具有冒险精神吗

我们生活在一个竞争异常激烈的社会中,作为阳光男孩,我们需要有点冒险精神。来检测一下自己,看看自己是不是富有冒险精神呢。

1. 你愿意跳伞吗?

    A. 只有在紧急的情况下。

    B. 如果是为了慈善事业而举办的义演。

    C. 只是为了娱乐。

2. 度假时你愿意去什么地方?

    A. 去以前去过的地方。

B. 去一个旅游胜地或大家常去的地方。

C. 专门挑选一个少有人去的地方。

3. 如果有人让你睡在一个据说有鬼的屋子里，你敢去吗？

A. 拒绝。　　　　　　B. 只要有其他人和你在一起就答应。

C. 想都不想就一口答应。

4. 要是有人在国外给你提供一个生活环境，你愿意去吗？

A. 不。　　　　　　B. 只要是短时间的就愿意去。

C. 去。

5. 进餐馆以后，你会点什么菜？

A. 点以前吃过的菜。　　B. 小有变化。

C. 点以前没吃过的菜。

6. 你愿意和陌生人随意交谈吗？

A. 不。　　　　　　B. 也许。　　　　　　C. 会。

7. 腿上长了一个肉瘤，你会怎么办？

A. 把它彻底查清楚。

B. 为它是否会病变而琢磨、忧虑。

C. 不理会它。

8. 你会没有考察就决定买一件东西吗？

A. 不。　　　　　　B. 如果没有别的选择。

C. 如果合算。

9. 同两年前相比：

A. 你的冒险精神越来越少了。

B. 同样喜欢冒险。

C. 抓住了更多的机会。

10. 在原则问题上你宁愿挨批评吗?

A. 不。　　　　　　　B. 也许。　　　　　　　C. 愿意。

计分方法

A. 1分　B. 2分　C. 3分

【总分】　　分

得分解析

10~17分：回避型

你不愿意冒太多的风险，做什么事都很谨慎，喜欢胸有成竹、有的放矢，只有一切都稳妥才踏实自在。

18~24分：稳重型

你是一个比较稳重的人，每做一件事都考虑可能会出现的问题，经过认真仔细的考虑再做出决定。你对一些小事或者有把握的事偶尔乐意冒一定的风险，因为你明白即使失败了，损失也不会太大。不过，由于对一些没有把握的事缺乏关键性的冒险尝试，往往使你错过很多机会。

25~30分：冒险型

你的胆子真的很大，是一个真正的冒险者，你认为任何事情都值得冒险，你的成就很可能是大跨度、大跳跃式的，但也有可能因为所冒的风险而惨遭失败。所以，你要留心保持清醒，保持理智，切忌盲目。

花样年华：把你的青春秀出来

阳光男孩最大的特点就是天性乐观。我们热爱运动、朝气蓬勃、充满活力；我们爱好丰富，个性鲜明，可以说是校园中最具代表性的新生代男生了。

但是，阳光男孩不是说出来的，而是做出来的。这里列举的一些行为举止都属于阳光男孩的本色，希望我们每一个男孩都能从中得到启发，让自己变得更加阳光。

胆要大

你是否有过这样的经历呢？蹬自行车闯红灯，看见警察招手，你还照骑不误；在马路上滑着轮滑同汽车比速度。

你是不是觉得这样的自己很"牛"、很"酷"呢？甚至认为自己胆子很大呢？事实上，这样的举动可不是在锻炼胆量，简直是在自找危险。

要锻炼胆量，你可以去游乐园坐过山车和海盗船，或到"魔鬼洞"去感受一下"吓死人"的心跳，或去做"荒岛探险"游戏，也可以参加各类闯关游戏。不过，在进行这些活动的时候，你一定要保护好自己，而且最好不要过多进行。

心要细

谁说男孩就是大大咧咧的？我们阳光男孩可不一样，在一些事情上可是很细心的呢！比如我们可以留意父母、朋友的生活喜好，在他们生日时制造一些很贴心的意外惊喜。心细还表现在善于分析和思考，不鲁莽。总之，胆大而心细的男孩，往往更有人缘，更讨人喜欢！

行事果断

什么是果断？果断是指一个人善于明辨是非，能迅速地估计情况，适时地做出决定，并能立即执行。

有这么一个故事：

一只狐狸很想吃河对面的葡萄。可是它又害怕自己美丽的尾巴被弄湿，因此，它一直犹豫不定，在河边徘徊，忘记了观察身边的情况。在它左思右想的时候，有一只狼靠近了它，当它发现的时候，已经太晚了，结果它倒在了血泊里。

可见，果断地做出决定，多么重要。事实也是如此，在成长过程中，我们男孩总要面临很多的抉择。有些时候，特别是在一些紧急情况下，如果你犹豫不定，迟迟做不了决定，或者是左右徘徊，顾虑重重，不敢决断，那么你可能失去的更多。

所以，我们应该把果断做决定当作一种习惯。因为有魄力的男孩，更容易成功，更容易获得大家的肯定！

机智敏捷

很多人之所以深受大家喜爱，在很大程度上归功于他的机智和口才。

"潘帅"潘玮柏是很多男孩都很喜欢的一位歌手，他能唱能跳会写歌RAP又一级棒，大家怎能不喜欢？除了学唱他的歌，很多男孩还跟着跳壁虎舞或者学着"咖喱辣椒"，这就是潘玮柏的魔力啊！

不过，你知道吗？除了会唱能跳，潘玮柏还拥有过人的口才和机智善辩的敏捷思维呢！

在一次歌迷见面会上，一个歌迷给潘玮柏送了一份礼物，潘玮柏迫不及待地打开，才看了一眼，就尖叫道："哇，是个手机啊。"等到所有人目光都聚焦到他身上时，他瞬间变成了学者状，指着盒子说："你们有没有上过课，这不是手机，这叫作老鼠。"其实那是一只玩具松鼠，然后他话语一转："只不过这只老鼠长得很像松鼠。"

现场的歌迷彻底服了他了。你是不是也很想拥有像"潘帅"这样的机智和口才呢？那就需要后天的不断培养和积累才行。多读书，多学习一些相关技巧，只要你有心，就一定做得到。

要有见识

一个有见识的人绝对是一个具有吸引力的人。你不妨多学一些名人名言，多看一些名人故事；或者了解世界各地的旅游胜地，风俗习惯，地理特色；再或者熟读《十万个为什么》，不管大家怎么问，你都能对答如流……

不过，一个人有见识，不单指见得多，还要识得深，见是现象，识才是智慧；见是皮毛，识才是血肉。有见有识的男孩才是真正的有见识，这样的男孩身上的光芒是永远也盖不住的。

活泼大方

活泼大方的男孩总有一种独特的魅力。事实上，热情奔放、活泼好动本就是男孩的天性，也是青春活力的体现。

活泼大方首先表现在行为举止上——落落大方，自然不扭捏。羞怯、畏畏缩缩会让我们失去男孩的阳刚之气的。但是过于热情活泼，只会给别人带来负面印象，甚至造成许多尴尬。为此，作为男孩的我们要学会恰如其分地表现自己活泼的个性，这其实也是一种良好的修养。

真实坦诚

真诚是一种独特的气质。所谓真诚，就是真实、坦诚。对人真心实意、坦诚相待的男孩，能从心底感动他人，让人不自觉地信任和喜欢。

所以，学会真诚待人吧！一个人如果拥有了真诚的品质就能交到很多知心朋友，他的路也会越走越宽。

青春防线：就是不做坏男孩

每一个男孩都希望自己是一个阳光男孩，特别是那迷人的阳光形象最能吸引羡慕的目光。但是，要想成为阳光少年，也不是那么容易的，你要先改掉那些"坏男孩"的不良习惯和风气。

拒绝烟酒，远离毒品

装老成、扮酷哥，可谓是每个青春男孩的共同渴望。于是，有些男孩错误地将吸烟饮酒，甚至吸毒，作为自己摆脱天真儿童的形象和"我长大成人了"的标志。然而，这种所谓标志却是害人又害己的。

在烟草中，有种被称为尼古丁的物质是有毒并可致癌的，严重的还可致人死亡。在美国，每年有35万人因吸烟致病或死亡。据科学研究，吸烟的人比不吸烟的人死亡率高出80%以上。所以说"吸烟就是慢性自杀"真是一点也不过啊！

阳光少年正处在生长发育的旺盛时期，呼吸系统和心血管系统等很多身体组织最容易受到损伤。吸烟不但会有损这些系统功能，诱发各种疾病，还会使我们的记忆力减退，或嗅觉下降等，所以我们不应该吸烟。

饮酒也是如此。酒精在人体内不仅刺激胃黏膜，还会麻醉人的脑神经，过量的酒精会造成酒精中毒，甚至导致死亡。酒后伤身、酒后无德，既不文明，又损害健康。

对于毒品，则万万不能沾染。毒品的危害相信我们都知道，吸毒不仅会严重摧残我们的身体，扭曲我们的人格，甚至夺走我们的生命，使我们自毁前程。吸毒还会危害我们的家庭，使我们失去正常的生活……

我们是阳光少年，我们要敢于向烟酒毒品说"NO"。

不要因为好奇而沾染！

不要因为"免费"而沾染！

不要因为"快乐"或"刺激"而沾染！

不要因为朋友沾染而沾染！

不要因为能"解乏提神"或"治病"而沾染！

不要因为"追求时髦"或为"减肥"而沾染！

阳光男孩一定要拒绝烟酒，远离毒品，珍惜健康，珍惜生命，要懂得呵护自己、照顾自己，为自我生命撑起一把保护伞，让我们的生活充满阳光。

抵制黄色诱惑，健康成长

一些卡通漫画里的黄色情节，网络电影里赤裸裸的诱人广告，黄色书刊和音像制品里的低俗内容，网站里的黄色小说和视频、恐怖暴力影视作品等，面对这一切你能从容应对吗？

有些男孩总以各种各样的理由为自己辩解，但是大部分的情况是因为这些黄色诱惑，让自己陷入自责、痛苦、忧郁甚至充满着犯罪感，更严重的会以身试法。

其实，这些黄色制品，是商人为了商业目的、吸引人们购买的欲望而出版的，里面的内容往往是偏离实际状况和生活情节的，他们会过分强调、突显身体器官，传达的大都是一些错误的性知识，误导我们，对我们的身心极其有害。所以，我们要远离这些黄色诱惑，好好保护自己。

首先我们要了解正确的性知识，要自觉抵制不良的媒体，不主动点击，及时转移注意力。同时，我们要到正规书店和健康的网站寻找有关知识。

我们一定要懂得：黄、毒的危害一点也不亚于海洛因，一定要像远离毒品那样，远离黄毒，珍惜我们美好的青春，珍惜我们的生命。

改掉火暴脾气，学会淡定

因为青春年少，我们常常会因为一点小事就火冒三丈，或者大吵大闹甚至出口伤人。这可是一个不好的习惯，这会严重损害我们的阳光形象。

其实，遇事脾气暴躁，常常会使好事变成坏事，特别是对人与人之间的团结或个人的进步是有害的，再说发怒对人的健康也是不利的，所以，一个有魅力的男孩首先要学会控制愤怒。

但是，一个人的火暴脾气是逐渐形成的，而要彻底改掉它也不是轻而易举的。不过，只要我们有信心，就一定能有所改善。

首先我们要深刻认识脾气暴躁的危害，要痛下决心改正，才能收到良好的效果。如果对其危害认识不足，甚至对其抱着欣赏的态度，以为那是"男子汉气魄"，或认为"江山易改，禀性难移"，当然就无法改正了。

我们应该如何改正火暴脾气呢？其实方法有很多。

一是借助外力。可以请老师、同学、朋友、父母亲人等监督自己，并约定好，每当自己要发火时，请大家立即发出警告。

二是多读书，多培养一些兴趣爱好。读书可以明理，广泛的兴趣爱好可以从多方面提升自己的品质修养。

三是学会自我克制。我们要时时提醒自己遇事要三思，不能由着性子来。特别是每当遇到令人生气的事情时，要对自己不断发出警告，并反复默念："沉住气，不要再犯老毛病了！"自我警告的不断发出，就会使愤怒的等级不断下降，这样就会避免发怒的可能，即使不能完全平息愤怒，也能把狂怒降为气恼和不满。

四是要学会转移。转移可分以下两种：

一种是心理转移,即把自己的精力转移到其他活动中,使自己没有时间沉浸在愤怒情绪中。

另一种是环境转移,即立即离开那个令人不愉快的环境,眼不见心不烦,改善自我感觉,减少刺激。

请记住这句话:"你发怒一分钟,便失去60秒的幸福。"我们为什么要白白放弃自己的幸福呢?

心灵闯关:你哪里最让人讨厌

"我会不会在不知不觉中,变得让人讨厌呢?"有的男孩很苦恼。"算了吧!没有朋友也无所谓!"有的男孩看得很开。

虽说如此,但也不能让自己身上的坏习惯自由发展!对照下面的测试,看一看自己哪个地方最让人讨厌,然后赶快"消灭"掉,你就会变为一个人人都喜欢的阳光男孩了!

测试一

1. 租来的CD你会:

A. 转眼就忘。

B. 有时会忘。

C. 一定在期限内还回去。

2. 如果在校园文化节里有演出的话你会做:

A. 工作人员。

B. 演员。

C. 道具人员。

3. 在你书桌的抽屉里面:

A. 依据不同内容做了整理。

B. 经常整理得有条不紊。

C. 弄得乱七八糟。

4. 约会时迟到了很久,你怎么向对方解释呢?

A. 没办法,公车晚点了。

B. 今后我会注意的,原谅我这次吧!

C. 作为赔礼,今天我请客。

5. 和朋友进行一次在外住宿一夜的小旅行,你的行李会是:

A. 一个小的旅行包。

B. 一个大的旅行包和一个小的提包。

C. 空手。

6. 想要穿鞋的时候,忽然发现鞋上面有一个小破痕,你会:

A. 用鞋油擦掉。

B. 不在意地穿上。

C. 穿别的鞋子。

计分方法

题号	A	B	C	题号	A	B	C
1	5	3	1	4	5	3	1
2	5	1	3	5	3	1	5
3	3	1	5	6	3	5	1

测试二

1. 今天是毕业典礼，你要好的朋友如果在场的话，你会：

A. 一直注视着对方。

B. 对他说："你能来，我真高兴！"

C. 向对方要一个小礼物，也送对方一个小礼物。

2. 去唱卡拉OK时，你经常唱什么样的歌曲呢？

A. 轻快的曲子。

B. 深沉的民谣。

C. 模仿歌星的样子。

3. 你经常去什么地方买东西呢？

A. 24小时便利店。

B. 百货商场。

C. 住处附近的商店。

4. 给朋友打电话时，如果对方是电话录音，你会：

A. 留言说会给对方再打电话。

B. 留言说请对方给你回电话。

C. 不留言，挂断电话。

5. 如果一个外国人用英语向你问路的话，你会：

A. 笑着敷衍过去。

B. 勉强地用英语回答他。

C. 用本国语，边说边打手势告诉他。

6. 在图书馆学习时，如果有人大声地喧哗，你会：

A. 默默地换个地方。

B. 对他说："请保持安静。"

C. 去告诉管理员，请求帮助。

计分方法

题号	A	B	C	题号	A	B	C
1	5	1	3	4	3	1	5
2	3	5	1	5	5	3	1
3	5	3	1	6	3	1	5

测试三

1. 你想加入朋友们的谈话,你会说:

A. "喂,你们在聊什么呢?"

B. "喂,请听我说……"

C. 一直等到有机会再说话。

2. 如果你的朋友已经确定考入一流的学校,你会对他说什么?

A. 惊喜地说:"你真棒呀!"

B. 高兴地说:"太好了!"

C. 问他:"都考什么了?"

3. 经常在电话中聊天的朋友打来电话,自己不愿奉陪,总想快点挂断电话,是由于:

A. 讨厌无休止地闲聊。

B. 身体不舒服,状态不佳。

C. 在等别人的电话。

4. 和朋友们一起吃烧烤,只剩下一块肉时,你会怎么做?

A. 猜拳来决定。

B. 虽然想吃,但是忍着。

C. 趁大家不注意,偷偷地吃掉。

5. 坐车时，一位老人在你身边，你会：

A. 装作睡觉。

B. 再过一站后让座。

C. 马上让座。

6. 妈妈亲手做的菜，如果不好吃的话，你会说：

A. "好吃！"

B. "怎么这么难吃？"

C. "不太好吃……"

计分方法

题号	A	B	C	题号	A	B	C
1	3	5	1	4	3	1	5
2	3	1	5	5	5	3	1
3	5	3	1	6	1	3	5

得分解析

在测试一、二、三中，分别计算你的分数。三项得分都超过20分的是A型，有两项得分超过20分的属于B型，只有一项超过20分的属于C型，若三项都低于20分则属于D型。

A型：散漫随便型

大家不太喜欢你的散漫和随便。虽然说在这个世界上，一个人做什么都可以，但凡事都有一定的度。散漫的你千万不要轻视这个。不要依赖别人，应该学会负责任。

B型：沉默寡言型

大家不太喜欢你的沉默不语。大概因为你不知道他人会怎么想，所以就选择了沉默。这只是一种单纯的逃避。只等着别人来认识你，又怎么能向别人传达你的信息呢？要主动地采取积极的行动才可行哦！

C型：自作主张型

大家不太喜欢你的自作主张的作风。你经常以自我为中心，不太顾及他人的感受。因此你应该多考虑一下他人，能再谦虚一些的话，大家会接受你。

D型：软弱无主见型

大家不太喜欢你的软弱。你努力地生活，性格也很好，而且也非常关心他人，但是为什么还会被别人讨厌呢？也许是你做事的态度吧，要有自己的主见，敢于说出自己的主张，这样，你就会得到他人的尊重。

第二章 翩翩美少年

在我们人生的各个阶段,青春期是最美的。而拥有一个高大、挺拔的体形也是每一个男孩的梦想。那么,我们该如何塑造自己的美好形象呢?一起来学习吧!

秘密成长：阳光男孩的青春发现

有一天，你突然发现自己的衣袖、裤子怎么短了一大截，鞋怎么也变小了？除此之外，你是否还感觉到自己的身体还有很多异样，一些器官发生了变化，甚至还出现了一些以前没有的东西。这是怎么回事呢？别紧张，应该大大庆贺一番，因为这意味着你已经步入青春发育期了！

那么，到底什么是青春期呢？什么时候才算是进入了青春期呢？从年龄上讲，男孩青春期开始的时间通常是10~14岁，结束的时间是18~20岁。

不过，由于每个男孩所处的地域、气候以及个人的体质、遗传、营养等不同，他们进入青春期的年龄有早有晚。因此，不能确切地知道我们到底什么时候会进入青春期。

举个例子来说，如果你家族里的人往往在年龄较小时就进入青春期，那么你很可能也是那样。但这并不是绝对的，也可能你的父母很早就进入了青春期，而你却可能进入青春期比较晚。通常来说，父母与子女在这方面往往是一样的。所以，如果你真的很想知道自己到底什么时候进入了青春期，可以问问自己的爸爸妈妈，他们的青春期是在多大时开始的。

如果你发现自己身体上的变化和朋友们有点不一样,也不要担心,顺其自然就好了。不过,如果你在14岁以后还没有出现任何青春期的迹象,那么,赶快去看看医生吧。

其实,在这一时期,男孩无论在外表形态上还是生理特征上,都会有很大的改变呢!

恭喜你!从现在开始,你将以一个标准的男子汉形象出现在世人的面前了!

身高和体重猛增

青春期是男孩体格生长发育最快,也是最佳的时期,平均每年增长7~9厘米,骨骼和肌肉也开始变得粗壮和宽厚。据统计,在生长的高峰期,有的男孩一年能长高11厘米呢,很神奇吧!

随着我们的身体长高,我们的体重也在增加。这是因为骨骼、肌肉和内脏重量的增加造成的。如果你担心自己太胖或者太瘦了,就去问问医生,千万不要盲目地减肥或者锻炼。

与此同时,我们的内脏器官也在发育。因此我们一定要注意养成良好的卫生和饮食习惯,这样才能让自己有一个更强健的体魄。

男性特征明显

进入青春期后,我们的男性特征更加明显,也许你会注意到自己的男性器官又增大了,还注意到自己的声音变粗了,喉结突出了,唇边长出了胡须,还出现腋毛、腿毛。

别紧张,不必惊慌,也不必尴尬,作为男孩,这是很正常的青春期生理现象。其实,这是男孩进入青春期后最明显的变化。用医学术语说就是第一性征和第二性征明显出现。

什么是第一性征呢?第一性征就是男性器官,也就是在我们一开始出生时就具有的性征。进入青春期后，从10~11岁开始，我们的男性器官开始增长，13~14岁，发育最快，以后速度就变慢了，直到19岁左右，就差不多成熟了。

这个时候，男孩一定要注意生理卫生，比如要勤换洗内裤，经常清洗男性器官，运动的时候还要注意保护它们不要受到伤害。这是很重要的，千万不要忽视。

随着第一性征的变化，特别是男性激素的分泌，引发出了男孩的第二性征。最明显的变化就是我们的肌肉更发达了，喉结突出了，嗓音也变粗了，还长出了胡须和体毛等。

其实，男孩大都是先长个头后长块头。当青春期过去一半的时候我们的肩膀开始变宽变平。大约同时我们的肌肉也开始变得发达起来，尤其是胳膊、腿和胸部肌肉。于是，有些男孩就想趁此机会，让自己更高点、更强壮点，为此开始锻炼自己的肌肉，或者大吃补品。虽然他们的想法很好，但是要注意不能过度，否则不但不能变强壮，反而会影响健康。

或许，你某一天早晨起床会发现床单湿了一片。这是怎么回事呢？不要担心，这是很正常的现象。当男孩进入青春期后，随着男性器官的发育，除了分泌男性激素引发第二性征外，也开始产生精子了。所以，有时我们在睡梦中就出现射出精液，从而弄湿床单的现象。这就是遗精，也叫梦遗。

面对遗精，不要感到羞愧，也不要自责，要认识到从现在起，你就开始向成熟迈进了。它提示你，"我已经长大了""我要为自己的行为负责了"。

另外，还有一个让很多男孩担心的问题，那就是自己的乳房怎么也在增大？摸上去怎么感觉有硬块以及疼痛感呢？别担心，这也是男孩青春期发育的正常生理变化。很多男孩都会出现乳房发育，经常是先有一侧乳头突起，乳晕下可触及硬块及轻微的胀痛。通常半年左右就会自然消失。

随着这些变化，大约到19岁，我们的青春期发育就基本结束了。这标志着我们已经蜕变成蝶，从一个青涩的男孩，成长为一个男子汉了！

完美男孩：展示你的形体美

你有没有和朋友们聚在一起，紧握拳头、弯曲手臂，比比谁的肌肉更强壮呢？你会不会与某个同学掰手腕，看谁的力气更大呢？

是啊，正值青春年少，哪个男孩不爱美？可以说，在我们人生的各个阶段，青春期是最美的。而拥有一个高大、挺拔的体形也是每一个男孩的梦想。

那么，什么是形体美呢？怎样才能展示出自己的形体美呢？作为阳光男孩，我们的形体美是以"强健匀称"为标准的，这种标准主要表现在以下方面：

骨骼

骨骼的组合构成了人体的大致轮廓，是人形体美的基础。男孩理想的骨骼应该是匀称、适度的：站立时头、颈、躯干和脚的纵轴在一条垂线上；肩稍宽，腰椎、臂骨、腿骨发育良好而无畸形；头、躯干、四肢的比例以及头、颈、胸的联结适度。身体比例应符合两臂侧平举等于身高的原则。

假如你的身高是1.67~1.70米，那么你的理想体重和身体标准是：体重68~70千克，胸围0.95~0.98米，腰围0.75~0.78米，颈围0.3~0.4米，上臂围0.32~0.33米，大腿围0.55~0.56米，小腿围0.37~0.38米。

肌肉

肌肉是人体力量的源泉，同时也是力的象征，因此，健美的体形、健壮的体魄是和发达的肌肉密切相关的。男孩的肌肉美主要表现为肌肉发达、健壮有力、富有弹性以及能显示出人体形态的强健协调上。

皮肤

皮肤最能反映一个人的气质和精神状态了。皮肤美的标准一般是红润而有光泽、松紧度适宜。男孩皮肤黑里透红或白里透红，都是健康的肤色。不过，要想让我们的肤色红润而有光泽，就要经常锻炼，保持良好的生活习惯和乐观的情绪等。

现在我们知道了骨骼、肌肉和皮肤是我们形体美的主要标志。但是，什么样的体形才是理想的体形呢？你又是什么体形呢？依照下面的体形比较一下吧！

瘦型

瘦型男孩的特点是腰围很小，躯干上小下大，肩窄，胸平；四肢细长，肌肉消瘦，线条不明显；身上脂肪极少，胸部还能看得见肋骨，背部可见肩胛骨；颈部细长；体重小于标准体重的25%～35%。

胖型

胖型男孩看上去上宽下粗，躯干呈圆水桶型，腰围很大；腹部的脂肪很厚，在腰两侧下垂，腹部松软，肚脐很深；胸部的脂肪多而下坠，颈部短而粗，还有双下巴；体重往往超过标志体重30%～50%。

运动型

运动型的男孩看上去很健壮；肩宽、臀小且上翘，背阔肌大，上半身呈"V"字形；四肢匀称，肌肉发达，颈部强壮有力；体重一般少于或超过标准体重的5%左右。可以说运动型是阳光男孩最理想的体形。

现在，你知道自己是什么体形了吗？接下来要做的就是通过健美锻炼来改善自己的体形。让我们做体格强健而匀称、肌肉发达而结实、快乐的阳光男孩吧！

形象设计：坐立走样样有型

在日常生活中，坐、立、行走等姿态，常能体现一个人的风度和气质，从而影响我们的形象。是的，保持正确而优美的身体姿态，再配上一身结实、发达的肌肉，方能显示出青春少年的阳光形象。

那么，你知道什么样的姿态才是正确而优美的吗？其实，完美的姿势就体现在我们坐、立、行之间。就像屠洪刚的《中国功夫》所唱的那样：

卧似一张弓，

站似一棵松，

不动不摇坐如钟，

走路一阵风。

这种"站如松、坐如钟、行如风"的姿态，就是阳光男孩最美的青春形象。

坐姿要端正

端正优美的坐姿不但会向人们传达出你的稳重、自然大方的形象，还能让你安逸舒适。

首先坐下的时候，我们的上身要自然挺起、两肩放松，下巴内收、脖子挺直、背部与大腿要成直角。身体重心要落在臀部，而不要因为身体的前倾或后仰落在腿上或后背上。两脚要平落在地上,两脚之间的距离应该与肩同宽。侧坐的时候,上身要与腿同时转向一侧,头面向对方。

手的姿势可根据不同情况采取不同姿势。在比较庄重的场合,可将手放在双膝上,在非正式场合,手的姿势就可以随意一些了。如学习或开会时,可以把手自然地放在桌子上,坐有扶手的靠椅时,可以将手放在扶手上。

相对来说,腿的变化就多一些了,但是无论采用哪种姿势,双膝都要尽量并拢,两脚不能摆出"八"字形。在较庄重的场合或表示对对方的恭敬时,最恰当的姿势是双膝并拢,小腿内收,两腿靠紧。在其他场合,就不必这么严格了。

我们可以采取前后步,就是双膝靠紧,小腿一前一后分开。前腿全脚掌落地,后腿前脚掌落地。也可以用交叉步,两膝自然靠拢,两脚一前一后交叠在一起,脚位可以前伸,也可以后缩,这种脚位最随意。在休闲或轻松交谈时,就可以随意一点了。

坐的时候,我们还要注意一些礼仪,如跷腿时不能妨碍他人活动。有人通过时,要主动让路。

站姿要挺拔

优美的站姿会给人一种直立感和开阔感,能体现男孩特有的阳刚之气。

通常正确与健美的站立姿态是这样的:头颅、躯干和脚的纵轴在一条垂直线上,挺胸、收腹、梗颈,两肩微微向后张,两臂自然下垂,形成一种优美挺拔的形态,给人一种挺、直、高、精力充沛的美感。

当然,不同的场合,也要有不同的站姿。例如在比较正式、庄重的场合站姿应该像军人看齐,具体是什么姿势,就回忆一下军训时的站姿训练吧!

有些男孩站立时喜欢将手插在裤袋里或交叉在胸前,或者下意识地做些小动作，这样不可取。特别是在正式场合，不但显得拘谨，给人缺乏自信之感，而且也有失仪态的庄重。

但通常情况下，站立可以自由点。不过，站立时，歪脖、斜腰、屈腿或者倚门、靠墙、抖腿、跷脚等是有失形象的。

行姿要沉稳

行姿，其实就是我们走路的姿势。最有风度的行姿如风行水上，具有轻快的自然美。

首先，迈步时，脚尖要向正前方，脚跟先着地，脚掌随后着地，身体重心是落在前脚掌上的。同时，双臂放松，自然摆动，且与两脚的运动协调。

走路的过程中，要挺胸昂首、收腹、挺直腰板，上身要保持不动、两肩不摇，双目平视前方，不可东张西望，也不要双手插兜，更不要边走边吃东西，这样既不卫生，又有损形象。

迈步的快慢也要适宜，要稳健轻快。太慢，会给人不灵敏的印象；太快，会给人匆忙慌张不稳重的感觉。步子也不要迈得太大，大约前脚跟与后脚尖相距1~1.5个脚长就可以了。

内外八字脚或者向外甩脚、晃来晃去的，走路姿势很难看，有这种走路习惯的人，一定要注意改正。

行走时呼吸要保持均匀，上下肢动作要协调，手臂摆动要自然。摆幅以向前30°~35°，向后15°为宜，千万不要横向摆动。膝关节、踝关节要有弹性，不要那么僵硬。节奏要明快，有韵律。

如果你做到了这些，你就是有型的男孩了。也许有些男孩会说："哎呀，想让自己身姿挺拔，太难了。"

的确，可能有一点难度，主要是难在坚持。但是如果你想成为一个风度翩翩的人，姿态训练是必不可少的。在刚开始培养体态习惯时，要注意从平时细小的动作开始。可能会显得有些刻意、不自然，但不必担心，时间长了，就习惯了。

只要坚持下来，当你把自己的性情也慢慢融合进去的时候，优美大方的姿态就完全属于你了。这时候你根本不用再特别去想自己要怎样坐、怎样站、怎样走路，可以把精力放在其他更重要的事情上去——比如结交新的朋友，或是学习新的更有意义的东西。

还有一点我们必须明白，那就是个人优雅的姿态不是为了别人，而是为了我们自己，它最终将会使我们的形象和气质得到升华。

挑战自我：修炼模特般的身材

哪个男孩不希望拥有一副模特般的身材呢？那样就可以穿着拉风的衣服走在大街上迷倒一片人了。

奇怪的是，为什么有些衣服穿在模特身上很酷，穿到自己身上就变了味？其中的一个原因，可能就在于你的肩膀没有"料"。不要紧，模特的身材也是靠后天锻炼的，正所谓"一切皆有可能"，我们一样也可以让自己更有"料"的。

适度的体育锻炼

体育锻炼的好处我们都知道，它是促进我们身体健康、塑造完美身材的最有效的方法了。但对青春男孩来说，由于还在长身体，有些适合成年男子的健美运动并不适合我们。

那么，我们能做哪些运动呢？其实，一些很简单的运动不但能让我们有优美的形体，还能让我们长高呢！下面就让我们来做一套既能塑形又能长高的体操吧!

一、热身运动

活动四肢各关节,脊背保持平直,上体前倾,双臂伸直用力向后上方挥动。

走:大幅度摆臂,有力地向前走。

跑:小步跑,同时双拳放在肩上,双臂屈肘于面前旋转;快速跑跳25~50米,重复4~6次,每次之后稍做休息。

抻拉:双臂上举,然后向各个方向抻拉,同时踮起脚后跟,重复6~8次,中间稍做休息。

二、单杠练习

悬垂20秒至1分钟,双手紧握单杠使身体悬空下垂,下垂时以脚尖能轻轻接触地面为佳。身体向左、右转动,双脚并拢,然后再向前、后摆荡,最后顺时针或逆时针方向摆荡。

还可以做跳跃式引体向上。下蹲,脊背保持平直,向上跳起,抓住单杠,并利用跳跃的惯性做引体向上。每次至少重复6~8次。

三、跳跃运动

向上跳,逐渐增高,或达到既定高度,比如跳起摸篮筐、天花板、树枝等。跳起时身体要尽量处于最大限度的伸展状态。也可以从稍高的地方向下跳或者下蹲跳起。

每次做30~60个不同姿势的跳跃,记住,双脚一定要用力蹬地。这些跳跃动作可以有选择地练习,但一开始要按规定数量做,逐渐加大运动量。

每节操做完后应稍事休息一下，使呼吸平稳，四肢放松。整套操做完后，平躺在地上，绷紧背部和臀部肌肉，微微挺腰。

每周不少于3次练习，每次35~45分钟。

这一系列的运动都有助于矫正短腿、脊柱弯曲、扁平足和"O"型腿等形体缺陷，促使我们的骨骼增长，调节我们的各种生理机能，使我们的身体达到最佳状态，从而达到健美增高的目的。只要我们坚持锻炼，就一定会有惊喜的。

除了上面的这套体操，其实还有很多锻炼的方法可以让我们长高变强。

在打球的时候锻炼。打篮球的时候积极争抢篮板球，或跳起断球；打排球时尽量跳起，多做扣杀和拦网动作；踢足球时多练习身体跳起，用前额击球的动作。

还可以利用一些体育器材，如哑铃、拉力器和各种单项或综合健身器，做各种力量练习和柔韧性练习。

如果时间充足，不妨学习一些体操、健美操或芭蕾舞、瑜伽、游泳等，这些运动都能让我们的身体更挺拔、更强健。

当然，锻炼归锻炼，就算我们想快点长高变强，锻炼也要适度，不能太频繁，每周最好不要超过4次。另外，锻炼的时间不要太长，也不要太紧张，否则会伤害我们的身体。

还有一个我们经常忽略的问题，就是要防止脱水。一般来说，锻炼超过半个小时，炎热的夏天运动超过20分钟，就一定记住要喝水了。但是，不能一次咕咚咕咚喝个饱，最好分多次，每次喝少量的水。除了水，稀释后的果汁或专门的运动饮料也可以帮助我们补充水分。

合理的日常饮食

除了体育锻炼外，我们还要保证合理的日常饮食。因为健康是保证我们形体美的基础。由于青春期的我们生长发育"迅猛"，所以，为了日后有一个强健的体魄，我们一定要注意保证充足的营养，并养成良好的饮食习惯。

首先，一定要吃早餐。平时我们要多吃一些谷类食物，如稻米、面粉、小米、玉米及甜薯等。这些食物不但给我们提供足够的热能，还能补充蛋白质和B族维生素等。一般来说，13~17岁的男孩，日进餐主食不应少于500克，否则时间长了就可能带来不良的后果。

为了保证我们摄入足够的蛋白质，确保我们身体内各组织、器官、肌肉的发育，还要多吃一些动物类食品，如鸡、鱼、猪、牛、蛋乳类食物等。

除了要摄入谷类、动物类食品外，我们还应注意多吃一些海产品、蔬菜、水果等。因为我们的骨骼在青春期发育得较快，多吃钙、磷等矿物质丰富的食物，如虾皮、海带、乳制品、豆制品等可以让我们长得更高、更强壮。一般一个人每天要吃400~500克的新鲜蔬菜，才能满身体对维生素和矿物质、纤维素的需要。每天喝一杯牛奶更能促进身体健康。

此外要记住，千万不能暴饮暴食，也就是说一次不能吃得太多，也不能喝得太多，否则会引起消化不良或胃肠疾病，影响营养吸收。平时还要少吃零食，饭前饭后注意休息。

良好的作息习惯

我们想要拥有模特般的身材，还要有良好的作息习惯。每天按时就寝，早睡早起。不能因聊天、玩游戏、看电影等经常熬夜，更不能整晚不睡。不能只是图一时的快乐，而损害自己的身体。只有保证充足的睡眠，让我们的身体得到充分的休息,我们才能长高长壮。

同时,精神因素对长高也有很重要的影响。相信自己能长高和保持乐观的情绪是机体生长的有利条件。

现在,无须再羡慕那些模特的完美身材了。只要坚持锻炼,保证合理的日常饮食,有良好的生活习惯,保持乐观的情绪,相信用不了多久,你也会拥有结实优美的身材,成为一个快乐健康的阳光男孩!

自我检查:你的锻炼方法正确吗

虽然体育锻炼有助于我们长高和形体塑造。但是很多男孩并不知道如何正确地去锻炼。不信,下面就考考你。

进行测试时,要先好好想想,不要简单地回答"是"与"否",还要说说道理。然后对照后面的解析,你可能会感到惊奇,在心里嘀咕,原来自己的很多观点都是错误的,现在可长见识了。

1. 减少腹部脂肪最好的方法是做腹部锻炼,对吗?

2. 为了保持足够好的身体素质,一星期仅仅需要锻炼两次就行了,对吗?

3. 为了达到减肥的效果,锻炼时要出很多的汗才行,对吗?

4. 相同的距离,慢跑比步行更能消耗热量,对吗?

5. 如果在完成锻炼后的几分钟内呼吸还没有恢复正常,这意味着锻炼过于剧烈了,对吗?

6. 散步是最好的锻炼之一,对吗?

7. 剧烈的伸缩练习,能够保持肌肉的伸缩性,对吗?

8. 每天最低量的锻炼时间是20分钟，对吗？

测试解析

1. 不对。很多人以为只要特定的某个部位肌肉受到锻炼，在此部位的脂肪组织就会减少耗损。事实上身体锻炼不是某种类型的锻炼，它所消耗的脂肪不是来自某一特定的部位，而是来自身体各处。当然，如果你所进行的锻炼是全身锻炼，如打球、游泳等，那么你当然可以看到腰围明显变细了。

2. 不对。美国国家宇航局研究表明，没有锻炼的肌肉会迅速地失去弹性。在我们锻炼结束后的48~72小时，必须再次锻炼，以便恢复和保持肌肉的良好状态。所以，坚持每天锻炼是最好的，而一星期坚持隔天锻炼一次，就可以保持人体的正常素质了。

3. 不对。出汗仅仅能降低体温防止过热，对减肥是不起作用的。在锻炼后，你也许会立刻减轻些体重，这是由于水分的流失。一旦你饮水，体重又会恢复。所以，锻炼中出汗了，并不代表你达到了减肥的效果。

4. 不对。相等的距离，无论跑步还是步行，消耗的能量都是相等的，因为在两种不同的运动方式中，运动的距离是相等的，而速度并不重要。当然，如果你选择30分钟慢跑而不是30分钟步行，那么一定能消耗更多的热量，因为在30分钟内所跑的距离是长于30分钟步行的距离的。

5. 对。锻炼结束后5分钟左右，人的呼吸应该恢复正常状态，心跳不再剧烈，也不再感到筋疲力尽。有益的锻炼应该是适度的、令人愉快的。

6. 对。散步有助于身体的血液循环，对健康有直接影响。

7. 不对。伸缩练习应该缓缓地进行，使肌肉达到放松的效果，如转体、弯腰等运动就是如此。剧烈的伸缩练习只能使肌肉拉得很紧。

8. 对。人的骨骼上共有400多块肌肉。锻炼时要使它们全部伸展开来，这在5~10分钟的时间内是不可能做到的。实践证明，要达到锻炼身体的目的，每次最少要运动20分钟。

健康驿站：你的饮食方式健康吗

我们知道日常饮食对我们的身体健康、形体塑造都很重要。那么，你知道自己的饮食方式健康吗？

有专家设计了一个关于生活习惯与饮食习惯的测试，可以使你重新审视自己的生活习惯。

第一单元：你的饮食习惯健康吗

1. 经常吃得很撑。-1
2. 总是一边看电视，一边吃零食。-1
3. 常去快餐店。-1
4. 吃东西时细嚼慢咽。+1
5. 不常吃点心。+5
6. 偏食。-1
7. 为补充体力或睡眠而经常贪食。-1
8. 正常吃三餐。+5
9. 肚子饿的时间没有规律性，吃饭狼吞虎咽。-1
10. 从未半夜吃东西。+3
11. 经常忙得忘了吃饭。-1

【总分】　　分

第二单元：重口味的食物容易使你身体水肿

1. 喜欢吃含盐分高的零食，如土豆片、豆干等。-1
2. 吃汤面时，总是把汤也喝得一滴不剩。-1
3. 喜欢含盐分或酱油较多、口味重的食物。-1
4. 吃任何东西都要蘸酱油或调味酱。-1
5. 大多在外用餐。-1
6. 喜欢清淡的口味。+5
7. 父母均属于肥胖体形。-2
8. 做菜时多以香料或醋取代盐。+2

【总分】　　分

第三单元：不当的节食计划有碍减肥

1. 曾在一个月内减肥5000克以上。-2
2. 曾饿得手脚发软仍继续忍耐下去。-2
3. 因为节食体力变差而变得不爱运动。-2
4. 尝试过多种减肥食品或减肥方法。-1
5. 为了保持身材，绝不让自己吃得太多而发胖。-1
6. 曾以手指探喉，让吃下去的食物吐出来。-2
7. 虽然别人都说自己胖，但自己总是不以为然。-2
8. 认为自己身材适中，不用减肥。+2

【总分】　　分

第四单元：洗澡方式与养生之道

1. 洗澡的时候，大多做20分钟以上的全身浴。-1

2. 通常以水温38℃左右的水来泡澡。+3

3. 洗完澡后通常会感到眩晕。-1

4. 泡澡时总要泡得全身红红的，才觉得舒服。-1

5. 喜欢刚进入浴缸时热水来的一刹那的快感。-1

6. 夏天容易出汗，要特别注意洗澡以保持身体清洁。+3

【总分】　　分

第五单元：运动能延年益寿

1. 不爱运动，也没有运动的习惯。-2

2. 平时没时间运动，总要等假日才一次运动个够。-1

3. 每天坐在课桌或者办公桌前工作一整天。-1

4. 不爱坐电梯，上楼尽量多走楼梯。+2

5. 自觉运动量不足。-1

6. 从事需要身体运动的工作。+1

7. 每天坚持运动，即使只运动10分钟也好。+1

【总分】　　分

第六单元：睡眠质量左右你的生活质量

1. 经常做噩梦或不愉快的梦。-1

2. 睡前习惯洗个澡或听轻音乐。+1

3. 不容易入睡。-1

4. 曾因睡不着而服用安眠药。-3

5. 作息时间有规律,睡觉和起床有确定的时间。+7
6. 睡与醒没有规律,甚至日夜颠倒。-2
7. 每天早上起床时都觉得精力充沛。+5
8. 晚上睡到半夜常会起床上卫生间。-1
9. 晚上常常学习到很晚。-1
10. 睡眠时间在5小时以下。-2
11. 睡眠时间正好7个小时左右。-1

【总分】　　分

测试解析

合计每个单元的得分,如果是正数,代表你的生活习惯比较健康。如果是负数,则代表你的生活习惯有问题了,要赶快改正。

神采飞扬:绽放你的阳光表情

假设现在你的面前有两个人,其中一个人两眼冰冷,面无表情,一副毫无生气的样子,你是什么感觉呢?再看另外一个人,双眼明亮有神,嘴角上扬,面带微笑,你是不是也一扫愁容,马上变得快乐起来了呢?

这就是表情的魅力啊!可以毫不夸张地说,表情是体现一个人形象和气质的最好窗口。现在,我们一起来做这样一组表情吧。

扬起眉毛,使我们眼部周围的肌肉自然地展开,眼睛相对睁大,明亮有神,双频往上动,嘴角上扬,面带微笑……

你做了吗？请保持这种表情，跟一位同学打招呼。对方是什么反应呢？"他也用同样的表情向我打招呼呢！"哈哈，要的就是这个效果。

这种表情可以说是阳光男孩的招牌式表情。这种表情不仅使人具有青春朝气，看上去很阳光，而且还会让他人产生信任和接近的愿望。从这组阳光表情中我们不难发现，最美的表情是需要我们的眼睛、肌肉等共同来完成的。

眼睛

美国思想家爱默生说："眼睛如同我们的舌头一样能表达，只是它的优势不需要任何词典，就能被全世界理解。"既然如此，我们为什么不好好利用自己的眼睛，让自己的表情更美呢？

首先我们的眼睛要灵活。灵活的眼睛会给人一种流动的美感。如果你的眼珠总是灵活地转动，这表明你思维敏捷、反应灵敏。这是我们青春活力的表现。

如果你觉得自己的眼珠不够灵活，不妨试试这个方法：眨一眨眼睛，然后注视着远处的高山、树木、房屋等任何一个目标；头部不动，让你的眼珠转到右眼角，再转到左眼角；先看看天花板，再看看地板，然后把眼睛尽量地睁大，再尽量地闭紧。按照这个方法，平时多让自己的眼睛做点运动，就能拥有一双灵活的眼睛了。

保持眼睛的明亮有神很重要。明亮的眼睛就像一湖清水，给人一种清晰、纯净的美感，没有掩盖、没有伪饰、没有愁云，更没有迷惘，而是清澈见底。所以，阳光男孩要让自己的眼睛明亮起来。

而要获得明亮的眼睛，就要"洗掉"那些斜视、俯视、不屑一顾、轻浮等不礼貌的"眼语"。要达到这一点，除了表现的技巧外，更需要我们加强自己的文化和品德修养。

最后，你还要大方自然地与他人的目光相接触，不要把目光集中在地面或者其他东西上。正视对方吧，这会赋予我们友善、诚恳、大方、自信和笃定的标签。

面孔

你知道吗？其实，我们的面孔也能"说话"呢！因为人的面部肌肉就像拼图一样，可以分成一块一块的，我们可以根据它们的移动情况，来"拼出"一个人的形象。

所以，要想有一个阳光的表情，我们的面孔一定要做到自然明朗。喜就是喜，悲就是悲，不要做作，也不要在脸上堆砌表情，更不要夸饰，自然和明朗的感觉是最吸引人的。

还要保持舒适柔和。舒适柔和的脸部表情能够增加人的魅力，能给人一种美的感觉；相反，就会使别人特别不舒服。对于长、方脸的人来说，要注意多一些微笑，因为微笑可使面部肌肉出现某种曲线，起到软化脸型的作用，让人看起来轻松柔和，感到很温暖、很舒服。

不过，表情的变化还要与当时的气氛、说话的内容，以及语气的变化等相协调。以笑为例，如果在不该笑的时候发笑，或者在只该微笑的时候笑出声来，就会使他人感到疑惑，甚至认为你是在取笑他，这显然是很失礼的。记住，不要人为地去追求表情，不要做大幅度的夸张和故意的伪装，否则会失去真实性，既不美也不会感人。

当然，不要忘记微笑。一个脸上总是挂着微笑的男孩，一定是开朗的、乐观的。即使你不善言谈，有些拘谨、腼腆，只要露出微笑，仍然能"迷倒"很多人。

经常保持明朗快乐的表情，露出亲切的微笑，你就会显得特别的出色、特别的阳光。微笑会让我们面部的缺点消失不见，只给别人留下最美好的印象。

然而就是这样一副简单的出色的迷人面孔,却往往难倒了很多男孩。其实,只要你愿意,你就一定能笑得灿烂迷人。

多回忆美好的事情,遇到不快乐的事情,提醒自己要保持微笑。只要我们心中时常想着快乐的事情,就能常常记起微笑时的表情。这种放松脸上肌肉的训练是十分重要的。能自己创造快乐心情的男孩大多是笑口常开的,因此也一定有迷人的魅力。

深呼吸,慢慢地吐气,并发出"一"或"七"的声音。笑容马上就会浮上你的脸庞。

找出你所有带笑容的照片,选出一张你认为笑得最帅的,然后对着镜子练习。记住,只有口角两端都向上翘起的微笑才是最帅的。

你还可以与同学或者伙伴一起,互相观摩、议论,互相交流,互相鼓励,互相分享彼此的微笑。也可以平时留心观察他人的微笑,或者一些明星的微笑,试着把这些精彩的微笑封存在记忆中,时时模仿,久而久之,你整个人就会因为微笑而阳光起来了。

微笑是不是很容易!不过,我们还要明白一点,真正的微笑还要渗透自己的真实情感,这样的微笑才如阳光一样,感染每一个人。这样的你,才是最帅的阳光美少年。

总之,一个善于用脸部表情表达美好感情的男孩,不但可以使自己富于魅力,也会给他人以更多的美感。

声声入耳:让你的谈吐更有魅力

在我们身边,有的男孩衣着光鲜,长得也很英俊,可说起话来却很乏味、粗俗甚至夹杂着脏话，这样的男孩非常令人反感。还有的男孩说话时会紧张，过于担心自己的言谈举止有失文雅，致使自己的表情、动作都变得十分僵硬，不自然，让人感觉非常不舒服。

其实，我们的言谈时刻都在有声有色地描述着我们的故事，还有我们的声音、言辞、手势等都在一笔一笔地勾画着我们的形象。那么，到底什么样的言语谈吐更动人、更有风度呢？

声音

一个人的气质、形象如何，首先会从声音表现出来。气质好的人，往往说话也自信，可谓"掷地有声"，底气十足。而懦弱、胆小的人，往往说话声音也小。

事实也是如此，悦耳、好听的声音能够美化我们的形象，吸引他人的注意力。反之，如果你的声音单调乏味，或者太高太尖，或者声细如蚊，都会让人厌烦，不舒服。而聪明的男孩会在悦耳的声音中加入精彩的内容，让声音成为吸引人的美丽风景，正所谓声声入耳，让人爱听。

一般说来，男孩最受人欢迎的声音应该是清晰、圆润、悦耳的，听起来充满活力和自信；而要想有这样悦耳的声音，就离不开日常的练习。

如果你想让自己的声音抑扬顿挫，更有吸引力，就要保持说话的姿态自然。可以做以下的练习：坐在地上，屈起双膝，脚掌着地，双手拥抱双膝，弯腰直至头额触及膝部为止，尽量将身体放松，随后再伸直上身，两眼平视，再重复上述动作。

呼吸的深浅，对我们的声音也有影响。一个呼吸顺畅的人，其音量也一定很大。所以，平时我们应该多练习采取腹式呼吸的方式，这样的呼吸长而且通顺，使说话的声音更洪亮柔和。

另外，我们说话的语调要高低适中，说话速度不要太快，也不能太慢，发音要清晰、自然。当然，说话语调要符合当时的环境气氛。如在长辈面前说话，要严肃、谦恭，不宜高谈阔论，旁若无人；与同辈说话，虽然可以随便一些，但也不宜高傲放肆；同晚辈说话，要柔和，但不要以长者自居，不要用教训人的口吻，否则容易让人反感。讨论问题时，要多用商量、探讨的语气，少用做结论的语气，不要让对方感到你盛气凌人；对别人有所求时，要用恳请、请求的语气，但不是乞求或耍赖。

言辞

被公认为声音很美的人，大部分都是言辞正确、用法很美的人。现在让我们看一下什么样的言辞才是人们最喜欢的。

文明用语不离口。"您好""对不起""请""谢谢"，这些简洁、礼貌的语言，让人显得亲切、美好。

言辞要雅。生活中，有许多大家所不愿说或不爱听的字眼儿，就要选择雅致一些的字眼儿来代替它们。比如，我们不要说"瞎子"，应该说"盲人"；不要说"他是个瘸子"，而应该说"他的腿脚不大方便"等。

话语要简明利落。男孩就要有男孩的气势，不能"娘娘腔"。说话时，还要根据不同的目的和要求，该详则详，该略则略，千万别啰唆。当然，也不能连珠炮似的发问，或者随意打断别人的话，也不能对别人的话爱理不理。

同时，我们还要学点说话技巧，注意自己说话的逻辑性和条理性，抛弃如"这个""那个""然后"之类的口头语。

表情与手势

表情与手势是无声的语言，使用得当，会丰富我们的形象，反之，便会破坏我们的形象。要想让自己的表情和手势更美，要注意以下的几点：

一是表情和手势与说话的内容要一致。表达肯定的语气，就要配合以点头颔首的表情；如果你不认同对方，就要摇头表示。这一点非常重要。

二是我们的表情和手势要文雅得体，落落大方。不要故意做作，或夸张失态。高兴就得意忘形，纵声大笑。气愤就疾言厉色。所谓文雅，其关键就是温和有礼。

三是要避免说话时的一些不甚雅观的习惯性动作。比如一边说话一边用手梳理头发，或挖鼻孔，掏耳朵；讲话时摇头晃脑，或摇动腿部等。这些习惯和动作要坚决改正。

四是说话时手势不能过多，幅度要适宜。如果你手舞足蹈，或使用一些让人无法理解的手势反而让人感觉你很浮躁，不靠谱。如果手的活动幅度太大了，会给人做作的感觉；太小了，又使人觉得绵软无力。落落大方，自然亲切的手势才是最有风度的。

总之，当你的言谈举止中，有悦耳的声音，有文雅的言辞，有优美得体的手势，那你绝对是人们眼中最阳光、最有风度的男孩了。

照照镜子：看看你的形象怎么样

你有没有在课堂上偷偷地照过镜子呢？有没有觉得校服太难看了，穿起来没形象？有没有模仿过某些明星的穿着打扮呢？

不要假装没有过，其实，很多男孩都做过这样的事情。这证明你长大了，开始注意自己的形象了。不过，也有一些男孩可能还没有注意到自己的形象，或者不知道自己的形象到底怎么样。没关系，让我们来做一个测试吧，看看你的形象到底怎么样。

1. 早上起床后先做什么？

A. 换衣服→去第5题。　　B. 洗脸→去第2题。

2. 不追求时髦，自己决定穿什么。

A. 是→去第3题。　　B. 不是→去第6题。

3. 自己喜欢的CD，不是去租，而是买来听。

A. 是的→去第7题。　　B. 不是→去第4题。

4. 绝对不乘坐小型汽车。

A. 是→去第7题。　　B. 不是→去第8题。

5. 不管如何，新出售的洗发水都会试一下。

A. 是→去第6题。　　B. 不是→去第2题。

6. 把在街头上发给你的广告放进书包里。

A. 是→去第11题。　　B. 不是→去第10题。

7. 有三顶以上的帽子。

A. 是→去第6题。　　B. 不是→去第11题。

8. 如果现在你有可以自己支配使用的3万元钱，你会？

A. 旅行→去第12题。　　B. 存起来→去第11题。

9. 喜欢用手动剃须刀刮胡子，而不是用电动剃须刀。

A. 是的→Ⅰ型。　　B. 不是→Ⅱ型。

10. 觉得自己做饭还可以。

A. 是→去第9题。　　B. 不是→Ⅱ型。

11. 想养热带鱼或爬虫类的动物作为宠物。

A. 是→Ⅲ型。　　B. 不是→去第12题。

12. 房间里收拾得很干净。

A. 是的→Ⅲ型。　　B. 不是→Ⅳ型。

测试解析

Ⅰ型：形象良好

你的外表应该在及格线以上了。但是如果觉得不可一世的话，会遭人反感。比潇洒的装扮更重要的是待人亲切、真诚，这样才能得到他人的好感。你需要在如何富有亲切的表情方面多下些功夫。

Ⅱ型：受误导型

你太过分追求时髦了，很在意别人对你的看法，已经失去了自我真正的个性。你应该立刻摆脱来自流行杂志、媒体的诱导，寻找真正的自我。因为不管如何，"时髦"是经常变化的。只有自然健康的，才是真正美丽的。

Ⅲ型：自我感觉良好型

你对自己的感觉与周围的人对你的评价不一致。你应该多注意周围的评价，收集周围的信息，以便完善自己。

Ⅳ型：邋遢型

你应该注意一下个人卫生了。虽然说男子汉不依靠外表，但不太干净的人是谁都讨厌的。经常换洗衣服，洗洗澡，剪一个适合自己的发型，勤剪指甲。

第三章　帅就一个字

　　作为男孩，也许你没有一张很惹人注意的脸，也许你一点都不好看。但是如果你能够从穿衣搭配方面去改变，依然能够成为阳光帅男生！

清新自然：男孩要照顾好"面子"

我们身边有很多男孩都对修饰自己抱着不屑一顾的态度，总觉得"臭美"是女孩才干的事，这显然是错的。面部的保养是现代帅气男孩必备的条件！

试想，谁会喜欢接近一个头发脏兮兮又满身臭气的人呢，恐怕躲还躲不过来呢！反之，如果你有润泽光亮的头发，光洁怡人的脸庞，光滑整洁的双手，绝对能令你在任何场合都风光得很呢！

做好面部清洁

大清早就传出男孩的惨叫声。妈妈闯进他的卧室，忙问怎么了，原来是他的脸上起了几个小痘痘，真是让人哭笑不得。

是啊，当第一个痘痘偷偷地探出头，当你一觉醒来，发现嘴唇周围突然多了一圈毛茸茸的小胡子。原本光滑、红润、干净的脸庞，现在看起来"惨不忍睹"。是不是觉得自己无法见人了？

有些男孩因为一时不能接受，就采取一些自以为聪明的手段，痘痘长出来了，去挤，胡须长出来了，去拔。这可是非常错误的做法哦！我们是大男生，长几个痘痘、长出胡须有什么关系。这是成长的痕迹，是我们的

"男子汉气概"。

其实，痘痘长熟了自然会结痂脱落，如果提前挤出来，就可能感染细菌，反而留下难看的痘疤。我们的胡须应该用剃须刀去刮，而不是直接去拔。否则一旦毛囊被破坏，还可能导致皮肤病变。

痘痘不能挤，胡子不能拔，那要怎么办呢？首先，我们要欣然接受这些变化。心态好了，整个人看起来就更有精神。然后就是要做好基本的清洁和保养了。

方法很简单，就是记住要"内外兼修"。具体怎么办呢？就是除了用清洁用品来去除阻塞脸上毛孔的污垢及油脂外，最重要的，还要注意日常的生活作息，不要熬夜，饮食正常，多喝水、多吃蔬菜水果。

如果是中、干性肤质，要注意保湿。如果是油性肤质，就一定要多洗脸，尤其是在夏天汗多的时候，夏天的气温高，湿度大，细菌繁殖也快，所以要特别注意，否则没几天你的脸上就"千疮百孔"了。

洗脸时最好用温水，不要太用力，洗干净就好，不然把脸上的"天然保护膜"也给洗掉的话，反而会刺激皮肤长更多痘痘。如果不幸痘痘已经长到惨不忍睹的地步时，建议你还是去找皮肤科医生看一下。

另外，洗完脸也要涂抹一些护肤品，如果你的脸干燥、起皮，那也是很丢面子的。

我们还要养成每天早晨刮胡子的习惯。刮胡子的时候要小心翼翼，避免刮伤皮肤，感染细菌。刮胡子前要先涂上专用的剃须膏或者剃须水。具体怎么刮，去请教有经验的老爸吧！

牙齿健康也是不能忽视的。健康整齐又亮白的牙齿会使你看起来更清新，更有朝气，更重要的是你还可以没有顾虑地笑！这时候，绝对可以吸引一大票人羡慕的眼球了！

不要以为自己的牙齿很结实，可以与螺丝刀相媲美。其实它们很脆弱，小小的瓜子都能伤害它们。牙齿一旦缺损，虽然可以修补，但是不仅痛苦，还要花很多的金钱和时间。所以，我们要好好照顾它们，早晚要刷牙，饭后要漱口，如果吃了刺激性食物，如大蒜、洋葱等，别忘了嚼一块口香糖。

记住，一张没有精神的脸，注定已经输掉一半；反之，一张清爽可人的脸，会让你看起来更阳光。

勤洗澡勤换衣

处于青春期的我们有一个明显的特点，那就是爱出汗，特别是腋下、手掌心、脚心，汗水变干后气味很难闻。尤其是运动后，味道更浓，熏得人受不了，真的变成了一个"臭男孩"。怎么办呢？

很简单，尽量每天都洗澡，换上干净的衣服、袜子。还要注意洗澡后用棉花棒清洁耳朵。每天还应该保持鞋子整洁、干燥。如果一身干净的衣服配一双脏兮兮的鞋，是不是太不协调了，还是赶快换双鞋吧！

保持手的干净

请伸出你的手，嗯，指甲修剪得很整齐、很干净，没有煞风景的倒刺、死皮，皮肤光滑，可以打100分。

一个人的形象可以从每一个细微之处表现出来。干净的手和指甲是人的"第二张脸"，万万不可小视。

有些男孩会留着小指的指甲，留得长长的。也许是为了挖耳朵、挖鼻孔方便，但这也太不卫生，太不雅观了！建议立即剪掉。其实，我们的指甲至少两个礼拜就要修剪一次，太长了容易藏污纳垢，黑黑的，多难看啊！

我们还要经常洗手，不要随便在手上写东西，否则要是同别人握手，该多"难为情"啊!

洗净手之后要擦点润手霜,让手部皮肤得到滋润,不那么干燥、粗糙。不要以为润手霜只是给女孩用的,现在都什么年代了,我们可是新新少年啊!

保持头发整洁

头发的清洁对男孩而言,是"面子"的头等大事,切不可草率。

不少男孩随便用些洗发水洗了就算了,这样往往会让我们的头发失去光泽和弹性,变得枯黄干燥。正确的做法是选用适合自己发质的洗发液定期清洗,而且要少用电吹风。

说到这里,就不能不说一说让很多男孩头痛的问题,就是头皮屑。要解决头皮屑的问题,首先就要勤洗头发,而且洗头发的时候可以顺便按摩一下头部,促进血液循环;另外,就是要吃得饱、睡得好!不要让自己长期处于压力状态下,这样就会减少头皮屑的产生。如果是因为皮屑芽孢菌所引起的,市面上有一些专门去头皮屑的洗发液,但千万记得别使用过量,否则产生抗药性后,发质变差、掉发就不好了。

一个清新向上的阳光男孩当然还要让自己的头发有型。一个真正在意自己形象的男孩,绝不会每天顶着一头油腻又乱蓬蓬的头发去上学,而是会早起10分钟,洗过头发后再清清爽爽地去上学。这样的男孩永远给人一种舒爽、有朝气的感觉。

当然,我们不一定非要每天都洗头发,最起码要好好梳理一下,保持平顺。

我们要经常修剪头发,不要等到后颈部的头发翘起时,再去理发店,那表示你的头发已经太长了。

头发的生长速度是非常快的,一个月就可能长1～2厘米,别以为这不算什么，往往就是这一点就破坏了你的形象。所以，尽量做到两三周就理一次头发吧！

记住，男孩也要保护好自己的面子。每天好好地打理自己，这样的男孩才帅。

简约之美：让你的头发更有型

"爱美之心，人皆有之"，男孩也一样。虽然我们的头发很短，还有校规约束，没关系，我们还是可以根据自己的特点，在符合校规的同时，让自己头发更有型。因为，一个适合的发型可以让我们显得更帅气更阳光！

不过，话又说回来，虽然说追求帅气的发型没有错，但也没必要弄得五颜六色或者奇形异状。我们可以想象一下：一个男孩，头发烫得根根直立，像不像一只浑身带刺的小刺猬？要不然就是不小心头发触电了，这个形象也太滑稽了。只会让大家窃笑，或者指指点点，没有几个人会认为这很帅吧！

很多男孩特别喜欢英国足球名将小贝，就是贝克汉姆。除了他精湛的球技，他的发型真是让人"眼花缭乱"啊！所以很多男孩会模仿他的发型。不过，小贝的某些发型真的不适合我们，比如馒头小辫辫的发型，太另类了！

那么，什么样的发型才适合阳光男孩呢？这就要根据我们的脸型来定了。我们每个人的脸型轮廓、五官特征都不尽相同。选择发型时就要扬长避短。

现在，先让我们分析一下自己的脸型，面对镜子，仔细观察一下自己。一般来说，人的脸型可以分为7种，有椭圆型、圆型、方型、长方型、菱型、正三角型以及倒三角型。不同的脸型要用不同的发型来修饰。

椭圆型

如果你的脸属于椭圆型，你就不用发愁了，因为这是一种比较标准的脸型，好多发型都很适合你，而且看上去都很和谐，很有朝气。当然，剪发时，你还要告诉发型师自己是不是戴眼镜。否则，就可能让眼镜乱了发型！比如有一款男生短发发型，短短的斜刘海轻触额头，头顶的头发轻轻蓬起，微碎的发丝润饰着秀气的脸庞，很有感觉啊！

圆型

圆型脸的典型特征是发际是圆弧形的，圆下巴，宽宽的脸。其实，圆圆的脸本身就能给人一种可爱阳光的感觉，特别是笑起来那两个酒窝。

圆型脸的人也有很多帅气的发型。特别是那种两边很短，顶部和发冠稍长一点的发型最帅了。

方型

方型脸，又称国字脸，最大的特征是方额头，方下巴，脸较宽，看起来端端正正，缺乏柔和感，所以最好选择柔和点的发型，从视觉上拉长脸型。比如可以留稍长一点的发型，像长碎发、垂顺服帖的直发等都很不错。

长方型

长方型脸的男孩脸窄而长，两颊下陷，有些人前额比例过大，有些人也许鼻子过长，也有些人可能下巴过长。为了让自己的脸看起来短一点，最好将刘海做一排，尽量使两边头发蓬松一点，不过要避免把脸全部露出。比如最近很流行的一款男生短梨花头发型，最有特点的就是刘海，很有型，这是校园里比较流行的一款非主流、可爱的学生发型了。还有那种短短的贴着头皮的短发，看上去也很帅气。

菱型

菱型脸前额与下巴较尖窄，颧骨较宽。要想办法缩小颧骨宽度，可以留刘海遮盖前额，并做得蓬松些，拉宽额头的发量，两边鬓角可以剪得短一点。比如顶部头发稍蓬松，刘海自然柔顺，两边的鬓角较短，整体的发型显得很酷、很有个性！

正三角型

正三角型脸最大的特点是额头窄小，下巴宽大。为了掩盖这个缺陷，应当增加头顶头发的高度和蓬松度，留侧分刘海，可削薄薄一层，垂下，最好剪成齐眉的长度，隐隐约约现出额头，以改变额头窄小的视觉。比如一款男生蘑菇头，把刘海剪成那种短短的圆形弧度，显得超级帅气。

倒三角型

倒三角型脸为宽额头，窄下巴。要尽量在缩小额宽，增加脸下部的宽度上下功夫。具体来说，头发长度以中发为宜，斜刘海，头顶自然蓬松。这样的发型是不是既清爽又阳光呢？

当然，发型还要与我们的体形以及季节变化等相一致，更重要的是要方便打理。而且不要烫发、染色，当然，也不能盲目追求"明星头"。

实际上，简洁大方的发型，保持头发的本色光泽，更能让人感受到我们的青春气息，更能彰显男孩的个性和活力，因为简约就是时尚，简约就是美。

爱心忠告：青春期保护好嗓子

你喜欢唱歌吗？你是不是经常吼几嗓子呢？那你有没有遇到过这样的尴尬？有一天，当你想放声高歌时，突然发现自己的嗓子发不出声音了，或者出现了恼人的"破嗓子",有时说话还"怪声怪调"的,自己也控制不了。这确实让人尴尬,但是,请微笑着面对吧!因为我们对此没有任何办法。这是进入青春期男孩必须面对的一大生理变化,也就是医生所说的"变声"期,是男孩成长必须要经历的。

一般青春期的男孩从十五六岁开始会进入变声期。大约持续半年至一年的时间,我们的喉头就基本发育成熟了。到那时,就不用再担心会出现这种尴尬的情况了。在变声期,我们的嗓子很容易受到伤害。如果你想在日后拥有一副充满磁性、音质干净、圆润的嗓子,这个时候,就一定要注意保护好自己的嗓子了。

其实,不只是变声期,其他时间我们也要保护好自己的嗓子,因为它太娇弱了,经不起"折腾"。保护嗓子,来源于我们生活中的方方面面,只要我们细心一点,就可以了。

正确发声

保护嗓子,首先应该学会如何正确地发声。据统计分析,大约有70%人不会"说话",也就是说有很多人的发声方式是不正确的。

为了保护我们的嗓子,在任何时候,我们尽量不要大声喊叫,也不要迎大风、寒风用嗓子。因为剧烈、紧张的喊叫会使声带被拉得过紧,引起喉头和声带发炎,造成嗓音嘶哑。

即使你很想用歌声表达自己的兴奋,那也不要勉强用力去尖声唱歌,或者拼命地喊叫。否则,有可能损坏我们的声带。一旦我们的声带受到损伤,要立即就医,否则你就得永远为自己的嗓音苦恼了。

也许你的变声会被朋友们取笑,那你也不能因此就害怕说话,或者说话时故意把喉结往上提,如果你总是这样,就可能变成"娘娘腔"了!

身体健康

身体健康也是拥有良好嗓音的保证。不知你是否会有这样的体会,当自己身体不适时,声音也会变,比如在感冒时,声音会变得沙哑。这时,我们要尽量少用嗓子,多休息,更不能大声说话,这样才能减少对嗓子的伤害。所以,要想有一个好嗓音,日常生活中,我们就要注意保持身体健康,不要过度熬夜,要坚持锻炼身体,让整个机体处于正常的状态。

注意营养

由于发音器官与呼吸器官紧密相关,我们平时可以多食用一些润肺的产品与饮料。比如葡萄汁、胖大海、罗汉果等对喉咙都非常好。

要常喝水,连续说话15分钟以上就应休息喝水。较长时间用嗓后,比如唱歌、演讲后,喝一杯温热的白开水,这比冰冻的饮料强多了。用嗓过多,感觉有点发炎时可以用一些冰块来消肿。热茶、咖啡等饮品都会刺激我们的嗓子,最好不要过多饮用。

我们还要注意日常饮食,少吃辛辣刺激性食物,饭菜不要过热,也不要过凉。吃饭的时候,也要改改我们狼吞虎咽的毛病,试着细嚼慢咽。还有一点就是要防止食物中的细长的骨、刺等卡住喉咙。

这个时期男孩千万不能吸烟喝酒。因为香烟中的有害物质和酒精会直接刺激我们的呼吸道黏膜,影响我们嗓子的健康。

最后,我们还应注意避免一些用嗓的坏习惯,如说话太快会影响呼吸和加重用嗓子负担。此外,习惯性清嗓也是坏习惯,清嗓会加重声带的紧张度,给声带造成损伤。如果你实在觉得喉咙很难受,那么就小口地饮水或是吞咽。如果你总是要不停地清嗓子,那就去找医生检查一下,也许是某些疾病在作怪。

青春加分：你给人的第一印象如何

如果现在有一个陌生人站在你面前，你对他的印象如何呢？相信你在心里已经有了一个结论："这个人是一个不拘小节的人，我喜欢！"或者皱皱眉心想："这个人有点小气。"

反过来，你知道自己在别人的眼里是什么样子的吗？你是否给他留下一个良好的第一印象呢？如果想知道，就赶快来做下面的测试吧！

	是	否
1. 你经常面带微笑吗？	□	□
2. 你走路时，抬头挺胸，大方舒展吗？	□	□
3. 你与人握手，总是自然有力吗？	□	□
4. 你站立时，双脚从不乱动吗？	□	□
5. 与人谈话时，你始终与对方保持目光交流吗？	□	□
6. 在与别人谈话时，你很少有抓耳挠腮或者咬手指、磨牙等小动作吗？	□	□
7. 在讲话时，你总是吐字清晰，音量适宜，很少含混不清吗？	□	□
8. 你对与人交往感兴趣吗？	□	□
9. 你经常说脏话吗？	□	□
10. 你习惯用"请""谢谢""对不起"等礼貌用语吗？	□	□
11. 你的兴趣爱好很广泛吗？	□	□

12. 你敬重师长、爱护幼小吗？　　　　　　　　□　□

13. 在与别人说话时，你总是能耐心地听完别　□　□
    人的话，而不轻易打断别人吗？

14. 你平常的衣着容貌整洁吗？　　　　　　　　□　□

15. 你常常是精神饱满、精力充沛吗？　　　　　□　□

计分方法

回答"是"计1分，回答"否"计0分。

【总分】　　　分

得分解析

在本测试中，你的得分越高，说明你越有可能给别人留下一个好印象。

13~15分：给人的印象非常好

你往往能给初次见面的陌生人留下一个良好的第一印象。人们喜欢与你继续交往下去。你善于在群体中工作，而且富有影响力。你的朋友很多，他们都认为你是个理想的结交对象。

6~12分：给人的印象一般

在人际交往上你稍稍缺乏优势。别人第一次与你见面时，你很难给他们留下深刻的印象。为了提高自己的人际吸引力，你必须注意自己的仪表服饰，尤其是言谈举止方面的修养和技巧必须加强。

4~5分：给人的印象不太好

你往往还没开始与人交往就已经失败了。不要怪自己的长相差、气质差，也不要怪别人薄情寡义，如果你想优化自己的第一印象，改善自己的人缘，就必须增强自己的自信心和个人修养，否则，你将很难获得成功。

0~3分：给人的印象非常糟糕

人们几乎不愿意与你有任何接触，甚至想躲得远远的。真不敢想象，你还能坦然地这样下去而不采取任何措施！

我型我秀：简单帅气的穿衣搭配

青春的色彩是五彩缤纷的，男孩的个性也是多种多样的。一套有个性的服饰便能让我们的青春更绚丽，让我们的形象更阳光。

炎炎夏日，上身穿一件整洁的T恤衫，淡色会比较好，如白色、浅黄、浅蓝或者浅灰色等，看起来醒目又精神，干净又清爽；下身搭配一条湛蓝色的牛仔裤，略显修身；最后，脚踏一双干干净净的白色休闲鞋。走在街头，不经意间帅气的青春味道就散发出来了。如果你厌倦了T恤衫，那就选一款运动衫吧，这可是男孩夏季服饰中不可缺少的，加上一条运动短裤，又清爽又阳光。

秋风习习的季节，一件款式简单的白色卫衣，搭配一条黑色休闲裤，显得青春又朝气，真是好酷啊！

不管怎么样，都要记住我们正处于发育最快的青春期，而且为了满足我们爱运动的心理，色彩素雅一点的运动服或充满活力的休闲装就显得帅气十足了。

其实，无须什么品牌，也不用多么怪异繁杂，合身、整洁的服饰最能显示出我们的青春本色。所谓合身，就是适合自己，我们要结合自己的气质、肤色、体形等来选择服装，秀出我们的青春帅气。

穿衣服其实就像画画，关键在于搭配，把合适的东西搭配好了，就可以穿出自己的风格，同样也可以让别人眼前为之一亮了。

搭配与体形要协调

我们每个人的体形不同，有高有矮，有胖有瘦，所以，在选择衣服的款式、色彩时，要结合自己的体形，这样既能掩瑕疵，又能增进自己的精神面貌，还能让我们的整体形象更美观！

如果你是标准体形的男孩，那么，你穿什么衣服都会很有型，所以，你无需再为穿什么而苦恼了，但也要注意颜色搭配。

如果你属于那种怎么吃都不胖、体形瘦高的男孩，那么在服装上可使用深色和水平线因素，如穿浅色横纹或大方格、圆圈等的服饰让自己显得强壮一些。同时可选用红、橙、黄等暖色的服饰使自己看上去更匀称一些。

如果你的体形是那种矮胖型的，也不用自卑，我们一样有办法让自己很帅气。在选择服装时，要尽量选择垂直线型的，比较平整的面料。少穿或不穿色彩过重或纯黑色的服饰，素静色和长条纹服饰更显瘦。

同时，还要避免上下装颜色反差太大。如果你个子较矮，再配上亮度大的鞋、帽，反而显得更矮，给人的感觉是两头大、中间小，像不像卓别林的风格？这样的打扮演出时很出彩，但日常生活中就不要这样了。

如果你的体形属于肥胖、敦实型的，适宜穿深色、冷色小花纹、垂直线型的服饰，看上去会清瘦一些。款式上最好是肩部式样平整的，V型领，简洁明了的服装。色彩上要注意不要上衣深下装浅，这样会增加人体的不稳定感。冬天不宜穿浅色外衣，夏天不宜穿暖色、艳色或太浅的裤子，因为它会使胖人显得更胖。

如果你的腿不是很直，或者有点短，就要注重裤子与上衣的搭配。裤子在色彩上应比上衣淡些，面料宜带有毛质感。整体着装上要浅淡些。在款式上，上衣变化宜多些，多选择些条纹、格状上衣，让大家注意不到你的腿形。

如果你的个子不高，又很瘦，就要远离紧身服装，在着装上有一定的宽松度。在面料上多选择有质感的面料。同时，切记不要肥大的裤裆。

如果你的脸有点大，脖子短粗，或者你有个双下巴，下颚部分碰到衣领，其实这也不是什么大问题。只要对衣领做个调整，如变成V型领，使它适合脖子就可以了。

如果你的手臂有点粗，那袖口就要长些，袖口翻折宽度尽量小一些，让自己的手臂显得长些。

如果你的臀部和背部比较突出，可以选择背部有中心开衩的服装，当然颜色最好亮一点，也可以利用柔软的外套盖住臀部，这样一来，你的背部到臀部就很平顺了。

穿衣色彩要协调

服装色彩相当重要，阳光少年是校园里的一道亮丽的风景线，不同颜色的衣服可以让人眼前一亮。

首先我们要根据不同的场合选择衣服颜色。上下装的颜色要协调，可以是互补色、同类色或临近色。同时，衣服的颜色要与自己的肤色协调，不然就会给人一种穿错颜色的感觉。例如，你的皮肤黝黑那么就选择高纯度的明亮颜色和浓重的深色系列！如果你的皮肤偏白，就试试暖色系！

还有重要的一点，身上衣服不要超过三种颜色，这个常识大家都知道，就不多说了。如果你真的对衣着搭配不在行，那么，就选择白色、黑色和米色衣服吧，这三种颜色可是百搭色，无论配什么颜色都不会出错。

整体风格要协调

整体着装风格也很重要的，因为美是一个整体概念，正所谓"美在整体，美在协调"。如果搭配不协调、不合理就会显得不伦不类，甚至会引来他人的嘲笑与讥讽。如果你一身运动服，却穿着一双黑亮的皮鞋，这就有点不协调了。

懂得修饰自己的男孩，他的穿着一定是自然而协调的，他懂得休闲装要配休闲鞋，运动装要配运动鞋。当然，在校期间，一定要遵循学校的规定，该穿校服的时候一定要穿！

每个男孩都有自己独特的地方，你就是你，所以，在服饰上不必一味地生搬硬套，或者模仿他人，与自身气质相符，才是最重要的。着装的最高境界，就是找到契合自己形象和气质的服饰，并用它们提升自己的气质和形象。一定要记住这一点！

时尚风采：你的穿着是否时尚

每一个男孩多少都有追求时尚的心理，这很正常，但是如果为了赶时髦，看到名牌就想买，也不管适不适合自己，那你可就成为名副其实的流行受害者了，就一点也不帅了。

其实，真正会穿衣服的人，重质不重量，买的衣服少而好，还能穿出各种变化来。当然，这种功力不是三五天就能培养出来的。不过，也不用担心，因为对于阳光少年而言，只要穿着得体，有自信、有个性、有朝气，就非常帅了！现在就让我们看看，你是时髦一族还是保守一族吧！

1. 清晨，你去上学，看到一个同学很漂亮，你认为他或她穿的会是什么衣服？

A. 名牌服装。

B. 适合他或她的衣服。

C. 校服。

2. 你低头看看自己的衣服很难过，更糟的是，你在衣服上发现了一点昨天吃饭时留下的污渍，你认为会是什么污渍？

A. 肉汤。　　　　　B. 可乐。　　　　C. 咖啡。

3. 为减轻内心的自责，你开始哼一首歌，那会是一首什么歌？

A. 英文歌。

B. 新出的流行歌。

C. 早就会的儿歌。

4. 路过电影院时，你看到今晚要上映一部电影，决定晚上一定要去看，为什么？

A. 一部宣传了好久的片子终于上映了。

B. 以前看过，实在太好看了，应该和朋友再看一遍。

C. 要和朋友谈点事。

5. 在课堂上，英语老师发现你看一本书入了迷，你看的是什么书呢？

A. 最新、最全的考试复习精选。

B. 一本从书摊买的好书。

C. 一本从同学那里借的杂志。

6. 你跟老师说了句话，老师原谅了你，你认为会是下面哪一句话？

A. I will not do it again.　　B. Sorry,sir.　　C. 我是学俄语的学生。

计分方法

题号	A	B	C	题号	A	B	C
1	2	3	1	4	2	3	1
2	1	2	3	5	1	3	2
3	3	2	1	6	1	2	3

得分解析

5～7分：校园"破金刚"

你未免有点老土，衣着思想就像个老人家一样，不时髦。现在已经是21世纪，该换一换自己的思想了。

8～11分：校园"老金刚"

你在校园算得上一般的新潮人物，能紧跟潮流，但总是差点什么。还要多加修炼哦！

12～15分：校园"新金刚"

你虽然外表一般，但内心狂野，是一个真正的新新人类。不过，你要注意保持健康的时尚观哦！

第四章　个性藏不住

　　个性是一个人在思想、性格、品质、意志、情感、态度等方面不同于其他人的特质，这个特质表现于外就是他行为上的别具一格。那么，你的个性是怎样的呢？一起看一看吧！

闪光青春：阳光少年的个性塑造

我们是21世纪的新新少年，在这个崇尚个性、追求时尚的时代，我们男孩也要有自己的个性，因为个性可以将我们男孩的气质表现得淋漓尽致。就像电视剧《家有儿女》的主题曲《阳光男孩阳光女孩》中所唱的那样：

你就是你，我就是我，
个性要张扬。
在校不做书呆子，居家不当小皇上。
充满友爱，充满幻想，充满时尚。
阳光男孩，阳光女孩，阳光下成长。

的确，我们的青春需要个性的张扬，有个性才有活力，有个性才有青春的梦想和激情，有个性就有了走出去的招牌。但个性绝不是单纯地求异，更不是另类，而是展示自我风采的一种方式。一个阳光少年的真正个性应该是这样的：

阳刚之气

我们常说"男儿有泪不轻弹",男孩都应该坚强。坚强,它体现了男子汉的阳刚之气,显示了男子汉的雄健之美。

谁说我们小?还记得汶川地震中,那些于千斤巨石下手牵手相互激励的坚强的同龄人吗?还记得那个被困于废墟80个小时,被救出来后的第一句话是"叔叔,我要喝可乐,冰冻的"的那个男孩吗?他们在困境中依然坚强、依然乐观。

坚强显示着力量,谁坚强,谁就有力量,谁更坚强,谁就更有力量。从这个意义上讲力量的较量,常常是坚强意志的较量。有了坚强的意志,我们才能像雄鹰一样,翱翔天空。

但坚强的意志,不是先天固有的,而是在点点滴滴的小事中培养成的,是平日锻炼的结果。只有把自己放在生活中磨砺,我们才能日渐成熟、坚强。

英雄气概

每一个阳光男孩都应当记住:真正的男子汉,几乎和勇敢是同义词。

勇敢就是果敢坚毅,有勇有谋。一个男孩,无论长得多么英俊潇洒,多么强壮,如果没有勇敢的气质,那他在别人的眼里仍是难当大任的。相反,一个男孩尽管身材矮小、瘦弱,相貌平平,但如果是个无畏的勇士,那他的形象会变得很高大。

勇敢是成功者的利剑。在勇敢者的面前,没有克服不了的困难。而懦夫却连最简单的事也办不成。

自尊自信

自尊意味着什么呢?一位心理学家这样描述自尊:"自己看重自己,就是说,同自己相敬如宾。"说白了,自尊就是敢于承认自己,认为自己是有价值的。

懂得自尊的男孩身上有一种强大的个性气质，很容易就能赢得人心，赢得别人的尊重。但自尊绝不是自恋，不应该像孔雀那样孤芳自赏，而对别人不屑一顾。自尊也不是为了证实自己而自吹自擂。

有个性的男孩懂得自尊，更要有自信。一个充满自信的男孩，在人堆里永远是最耀眼的一个。是的，一个人具有自信心，就是相信自己的力量的表现。自信就会创造奇迹，自信就会一往无前。

当然，自信的基础是丰富的知识和科学的态度。脱离了这些，自信就不是真正的自信，而是自负了。每一个男孩，都应该牢固树立起自信心，这是一种极佳的精神状态，没有这种精神状态，我们在生活中就会碌碌无为，一事无成。

塑造自信心的方法有很多。自信的男孩通常都有坚定的眼神，与人交谈时以自然得体的方式注视对方，慢慢就会提升自信心。再者，适合自己的服装也是提升自信的一个方面。服装不是名牌的堆砌，自己穿得舒服，自信心也就有了。

培养自信心，就要努力地摒弃自卑感，因为自卑是对我们精神的束缚，是对我们意志的牵绊。一个懂得自尊，又有自信的男孩，怎能不阳光呢？

开拓创新

处于这个年龄段的我们有着别人无法比拟的活跃思维，我们喜欢探索，对一切都充满好奇。这就是我们创新个性的源泉。一个人有了开拓创新的个性，就会具有无穷的魅力。

具有开拓创新个性的男孩一定是好学好问好钻研的人。这样的男孩在思想上无框框，不保守；做事积极主动，不唯唯诺诺；更敢于幻想，善于幻想。未来，属于朝气蓬勃的人，更属于百折不挠、锐意进取的开拓者。

而作为阳光少年，我们就应该成为这样有个性的人。

勤奋进取

对于这几个字我们简直太熟悉了，什么"勤学苦练""勤能补拙"……别嫌烦。作为阳光少年，我们一定要塑造勤奋进取的个性，因为这是男子汉的美德。

难道你不想在学业上、事业上获得成功吗？然而，天上不会掉馅饼，成功只来自勤奋。翻开名人录看一看，那些成功者，尽管有各种各样独具特点的成才条件，但勤奋是他们成功的共同"诀窍"。那么，一个人怎样才能勤奋起来呢？

一是要有大志。勤奋是一种孜孜不倦的努力，需要持久动力。这个动力就是志气和理想。有志气和远大理想的人会勇敢面对挫折，踏实肯干，坚持到底。

二是要做好艰苦奋斗的准备。我们的生活条件越来越好，很少体验艰苦的滋味。其实，我们可以多进行这方面的锻炼，从一些小事做起，依靠自己的努力做事。

三是要养成一种今日事今日毕的习惯。《明日歌》里说得好："明日复明日，明日何其多，我生待明日，万事成蹉跎。"要想不使岁月蹉跎，只有抓住今天，从现在做起。

四是要克服惰性。很多时候，我们完成了一个学习目标，或者考完了一次试，就想偷懒，想玩耍……这时候，惰性一上来，如果不克服，人也就不会勤奋了。此时，一定要将冒出来的消极东西扑灭，绝不能让它得逞。

五是讲究方法。勤奋对实现目标固然很重要，更需要我们有技巧地去实现。苦干加巧干，成功才有希望！

顽强坚毅

阳光男孩应该树立顽强的毅力，也应该具有百折不挠的精神，不要被小小的困难和挫折吓倒，更不要一副愁眉不展、失魂落魄的样子。这不是阳光男孩的本性。

什么是毅力？毅力是人们为了实现某个理想而表现出来的坚强持久的意志。这是我们男子汉的优秀个性。我们要实现一个目标，或者想改变某个缺点，都离不开毅力。一个有毅力的男孩，就算有某些先天不足，他也会创造出奇迹。

要培养自己的毅力就要学会从小事做起，克服自己的惰性。例如，选择练习钢琴，可以提升我们的气质和灵气，然而要天天练习，就需要我们的毅力了。

提起钢琴，就不得不提郎朗，他被誉为"当今世界最年轻的钢琴大师"。那你知道他的成就是怎么来的吗？"走这条路最重要的一个是毅力，一个是自信。"这就是郎朗给我们所有人的答案。是的，毅力可以创造奇迹。

聪明天真

其实，我们每个男孩都很聪明。特别是在思维能力和记忆力方面。既然我们天生就有聪明的脑细胞，那就应该好好利用这些脑细胞，但不要以为就是要"小聪明"。真正聪明的人应该是智慧的化身。没错，智慧是神奇的力量，往往比力量更重要。我们阳光少年光聪明还不够，还要学会用智慧的眼光去洞察世界，用智慧的力量去改造世界。

可是，智慧到底从何而来呢？英国有一句谚语："知识是智慧的母亲。"这就是答案。知识是智慧的亮光，无知是智慧的黑夜。如果你想成为一个令人羡慕的智慧之人，就用人类的知识，源源不断地充实自己的头脑吧！同时，真正的智慧还要从逆境中、从挫折中学习。

虽然我们渐渐长大了，也变得聪明了，但我们毕竟还是一个"小大人"，天真是我们与生俱来的秉性。童年的天真，让我们更可爱，而现在的天真，确切地说是保持一颗天真的心，更能让我们感受到人生的乐趣，让我们的生活更轻松。天真的人，才会显示真我，才会没有烦恼，但天真绝不是幼稚与无知。

含蓄幽默

在现实生活中，我们会发现这样的情况，一个很幽默的人，往往能讨周围人的喜欢，能够更乐观地生活。

幽默是阳光少年身上的闪光点，我们每一个男孩都应该有点幽默感，以保持男子汉应有的风采。这不仅是为我们自己着想，也是为朋友着想，幽默能促进人与人之间的谅解，能帮助人懂得宽容。

然而，真正的幽默，并不是圆滑与轻浮，更不是低级和庸俗。幽默的内在要素是机智与博学，以知识为思想核心，你的幽默就不仅能带给他人欢笑，还能给对方留下长久的回味。

热情洋溢

在阳光男孩的身上，热情洋溢是必不可少的特质。热情地为人，热心地处事。

那么，什么是热情呢？热情就是积极大方地对人表示好感。洋溢就是将好感表达出来。这样的表达，不管是对认识还是不认识的人，都有很大的鼓舞作用。热情之所以有魅力，也正是因为可以让对方感觉受到肯定和重视。它就像吸铁石一样吸引着他人。

只要在不矫情、不打扰别人的情况下，我们确实不该吝于或羞于表达心中的热情。如果你真的天生内向、不善表达的话，不妨以赞美别人的方式，试着表达自己的热情。

冷静思考

热情洋溢能让人感受到我们的活力，但我们也应该具有冷静思考的特质。

冷静是十分迷人的，冷静的人能够控制那些不必要的情绪，能够临危不乱，让人感觉到大将风度。很自然地，和这样的人在一起，一定很有安全感。一个人一旦具有了冷静的头脑，就不会冒冒失失，就不会让人感到无知和幼稚，就不会因为一时的冲动而铸成大错了。

富有爱心

一个富有爱心的人，是永远受欢迎的人。一个富有爱心的男孩永远是最有魅力的男孩。

所谓爱心，就是有一副好心肠，对任何人和任何事都持有一颗善良的心和感恩的心。

表达爱心的方式有很多，尊重父母，热爱班级，爱护花草动物，互相帮助，给老人、小孩和孕妇让座，给受灾地区捐款捐物……这些都是有爱心的表现。记住，男孩的形象和气质，会因爱心而更加充实。

坚强、勇敢、自信、勇于创新、勤奋、坚毅、智慧、幽默、热情、冷静、有爱心……这就是我们新时代阳光少年的个性，也是我们将来立足于社会的基本素质。

让我们的个性飞起来吧！有了这些个性我们的青春更加精彩，我们的生活更加阳光！

冲浪季节：你的个性成熟了吗

日常生活中，我们常常会发现，有的人总能轻松处理各种关系，在面对问题和困境时，也能沉着应对；而有的人却表现得很差。这其实就体现了一个人个性的成熟程度。

随着年龄的增加，我们的生理、心理也渐渐地成熟起来，但是个性成熟并不一定与年龄成正比的，也就是说虽然我们还处在青春期，年龄还小，但并不代表我们没有成熟的个性。不信，就来测测看吧！

	是	有时	否
1. 做事有主见，有原则，不以别人的喜恶作为自己行事的标准。	☐	☐	☐
2. 承认人性中有光明的一面和黑暗的一面，并有容忍和谅解的胸襟。	☐	☐	☐
3. 能够接受朋友一切优点和缺点，懂得怎样与朋友相处。	☐	☐	☐
4. 明白"人必先自爱而后人爱之，人必先自助而后人助之"的道理。	☐	☐	☐
5. 明白良好的动机未必会带来良好的效果，了解手段与目的不可分割。	☐	☐	☐
6. 懂得以事论事而不以人论事。	☐	☐	☐
7. 不会坠入"非此即彼""非黑则白"的两极思考	☐	☐	☐

陷，阱明白世事往往在两个极端之间有一系列的中性状态。

8. 明白"人比人，气死人"的道理，不拿自己跟别人滥加比较。 □ □ □

9. 明白世事万物，包括自己的思想和信念，都在变动前进，并且有"以今日之我战胜昨日之我"的勇气。 □ □ □

10. 当生活中遇到重大挫折时，便会在其他方面获得成功，加以补偿。 □ □ □

11. 通常情况下，承认与自己意见不同的人都是有正当理由而坚持自己看法的人。 □ □ □

12. 如果在比赛中自己或自己一方输了，通常的做法是分析输的原因，提高技战术，争取下次赢回来。 □ □ □

13. 受到别人的批评时，通常的反应是分析原因，弄清错的地方，而不是当面反驳或怀恨在心。 □ □ □

14. 在工作或学习中遇到困难时，通常是向比自己懂得多的人请教。 □ □ □

15. 当自己的亲人或朋友错误地责怪自己时，通常的反应是不发怒，耐心解释和说明，或一笑了之。 □ □ □

16. 在与别人的交往中，通常是希望别人注意到自己，但不会主动去追求这一点。 □ □ □

17. 喜欢与之经常交往的人通常是和自己合得来的人，不管性别是否相同。 □ □ □

18. 在必须面对大庭广众讲话时，总是把这看成是一次 □ □ □

考验，毫不畏惧。

19. 在参加小组讨论会时，通常是只对自己所了解的问题发表看法。　□　□　□

20. 对社会的看法是不管生活环境如何，都要努力奋斗，无愧于自己的一生。　□　□　□

21. 当在生活中遇到挑战时，总是很兴奋，因为这正是能体现自己力量的时候。　□　□　□

22. 外表很重要，常会用许多时间去修饰。　□　□　□

23. 对待社会环境的正确态度，是改造生活环境中的不良因素，使生活环境变好。　□　□　□

24. 对死亡的态度是把死亡看作将来必然要发生的事情，平时很少想到。　□　□　□

25. 要使自己生活得愉快、有意义，就必须多与有知识的人或志同道合的朋友交往。　□　□　□

计分方法

"是"计2分，"有时"计1分，"否"计0分。

【总分】　　　分

得分解析

认真回答每道题，选出最切合自己的答案，然后计算总分，得分越高就说明你越成熟。

26～50分：基本成熟

你的个性基本成熟了，已经能够妥善地处理生活中遇到的各种问题。

你每天都神采奕奕、充满自信，同时又很受朋友的信赖，不过你要洒脱点，别太严肃了。

15～25分：两重性

对某些事情你已经能够很得体地处理了，而对另一些事情还没有把握，以致束手无策或处理不当。所以，你的个性具有两重性：一半老练，另一半还有点幼稚，你还需要在生活实践中慢慢成熟起来。

0～14分：不成熟

说难听点，就是你还比较幼稚，喜欢单凭个人粗浅的直觉和感情行事，遇事好冲动、莽撞、不识大体，或者遇事退缩不前，害怕出头露面，孤独而自卑。你容易得罪人，也容易被人欺骗，在生活中到处碰壁，无法实现自己的理想和目标。这种状况可是与现代社会对阳光少年的要求很不符的哦！你要让自己尽快成熟起来。

看我飞翔：让我们独立飞翔

春风轻轻地拂过蒲公英的叶子，带走了蒲公英的种子。青春悄悄地撞了我一下，偷走了我恋家的情结。家，在我们成年以前，是幸福温馨的港湾，我们期待回家；在我们长大以后，家似乎就成了封闭的鸟笼，我们渴望摆脱它的束缚而远飞他乡。

是的，每一个男孩都有一个独立飞翔的梦。只是我们的父母总担心我们的翅膀不够硬，担心我们经不起风浪，担心……

你知道吗？一切的担心均源于我们不会独立生活，不会独自应对一切突如其来的情况。阳光男孩要想飞出笼子，追逐阳光，就得学会独立；要想搏击风雨，展翅高飞，一定要学会独立。

遗憾的是在生活中，有的男孩或许因为是独生子，父母亲人倍加疼爱和精心呵护，使他们不自觉地养成了生活上的依赖性，遇事不是先想自己如何去做，而是等着别人做或靠别人帮助，久而久之，就变成了一个生活中的"残疾人"。

你知道吗？未来的生活要靠我们自己去面对，我们的人生是要我们自己做主的。所以，阳光少年一定要学会独立自强。要学会独立，首先就要克服自己的依赖性。

说到这儿，有的男孩是不是打退堂鼓了。其实，克服依赖心理一点也不难。你在学着帮助别人、关心别人的时候，就在一点一点地克服依赖的心理了。你不妨试试这些方法：

首先，学会主动去关心他人，关心父母，帮助周围的同学。这个过程中，你能学到很多东西。

其次，学会当个好观众。我们所有人都是在模仿和学习他人的行为中渐渐成长起来的。看看周围的人是如何做的，你也可以试着去做。比如自己做一顿饭，自己洗衣服……

当然，我们还要勇敢面对现实，要有意识地锻炼自立能力。你可以独立自主完成一件事，独立思考或决定一件事。比如，放暑假了，自己决定去哪里玩……

独立还意味着我们要有自己独立的见解，不要事事依赖别人，特别是父母，不要让他们替你做决定。成长的经验是要靠我们自己获得的，不是家长的强行灌输。如果我不栽跟头等于没有经验。早晚有一天还是会跌倒的，父母的经验是很宝贵，但是仅供参考。

实际上，当我们跨进青春之门的时候，就具备了一定的独立意识。只不过，由于我们的生理和心理发育还不成熟，我们对别人尤其是父母的依赖常常令自己很困惑。一方面我们想要独立，另一方面又觉得离开父母的帮助让自己感到很不舒服，还有一些男孩认为独立就是我行我素地去做事情，就是一意孤行，自作主张。

我们要注意，我们毕竟是未成年人，有些事情我们的判断能力还达不到理想的高度。所以，做某些重大决定之前还是先听一听父母的意见！

男孩，你学会独立了吗？如果还没有，那么，就从现在开始吧！只要你坚持独立去做一些事情，逐步积累成功的经验，体验成功的喜悦，慢慢地，你会惊喜地发现，自己已经学会了独立生活了。试一试，你一定行的。

把握自己：你的独立性怎么样

独立是一个人的立世之本，只有独立自主，才能挺起腰杆做人。没有谁能依靠父母一辈子，总有一天我们要一个人面对这个世界。为了更好地适应社会这个大舞台，我们必须有意识地培养自己的独立性。

事实证明，独立性越强的人越容易成功。那么，你呢？你能够自己照顾自己吗？你能游刃有余地处理自己的生活和学习吗？做完这个测试，你就知道了。

	是	否
1. 如果独自一人漂泊到一座荒凉的孤岛上，你完全能够有把握生存下来吗？	□	□
2. 你能熟练地更换保险丝吗？	□	□
3. 你会煎鸡蛋吗？	□	□

4. 你会烧三道以上的菜吗？ ☐ ☐
5. 你会不会熨衣服？ ☐ ☐
6. 你会换自行车轮胎吗？ ☐ ☐
7. 对你来说，解决实际问题并不是很难，对吗？ ☐ ☐
8. 你对缝缝补补很在行吗？ ☐ ☐
9. 你有强健的体魄吗？ ☐ ☐
10. 你做事情时喜欢尽可能详细地准备吗？ ☐ ☐
11. 你懂得怎样换电灯泡吗？ ☐ ☐
12. 你会不会修理电视机或者电脑等设备？ ☐ ☐
13. 你会修理坏了一只脚的桌椅吗？ ☐ ☐
14. 你知道被毒蛇咬伤之后该如何急救吗？ ☐ ☐
15. 你知道怎样做人工呼吸吗？ ☐ ☐

计分方法

选择"是"计"1"分，选择"否"计"0"分。

【总分】　　　分

得分解析

根据计分方法，合计你的分数。得分越高，说明你的独立性越强。

10~15分：独立性很强

你有着极为丰富的生活技能，同时又是一个勤勉、闲不住的人，这使你在应对困境，甚至是突发事件时，懂得怎样处理才是最妥当、最实际的。你喜欢缝缝补补，不仅自己的生活过得游刃有余，还可以帮助他人。

4~9分：有一定的独立意识

你有着进行实际工作、提高自身动手能力的潜质,然而你还未遇到重大危机,因此你今后需要继续努力,多用些心思在实际生活中,以求得长进。

0~3分:缺乏独立性

你生活在一个"衣来伸手、饭来张口"的环境里,依赖性太强。你的纯真、质朴是可爱的,然而为了今后更好地适应环境,你应当开始培养自己的独立意识、生存意识。你从心理上重视问题的存在了,你自然会对有用的技能感兴趣。

成长洗礼:我的性格我做主

性格是阳光男孩个性的一个重要组成部分,我们要想让自己有个性,就要先培养好性格。不管是学习、生活还是工作,也不管是为人还是处世,性格都会影响我们的形象。

性格是什么呢?其实,性格是先天和后天共同打造的合金,这种合金是我们在生活中、在成长过程中练出来的。所以,我们要说"我的性格我做主"。那么,对于阳光少年来说,良好的性格表现在哪些方面呢?

具有现实态度

安徒生曾经这样说过:"当我还是一只丑小鸭的时候,做梦也没有想到有一天会变成一只白天鹅。"不要怕长大,也不要拒绝挫折,而要适应现实,承认现实。

真正的男子汉都是敢于面对现实,而且绝不为自己找任何逃避借口的人。我们要坚信事在人为,不要强求做不到的事,也不要奢望得不到的东西。具有现实态度的男孩才会勇于进取,才不会每天忧心忡忡,才能乐观豁达地对待一切，每天迎着太阳奔跑！

要学会爱他人

懂得爱他人的男孩往往都很尊重他人。他们富有同情心和爱心，懂得体谅别人，宽容别人，而且还能从爱他人中得到乐趣。懂得爱他人的男孩心中没有出身、门第和地位的偏见，而是"天下一家亲"。懂得爱他人的男孩不一定多高大，但一定是最快乐、最阳光的人！

懂得依靠他人

具有好性格的男孩不但可以爱他人，也乐于接受他人的帮助和爱。但他们不会一味地依赖他人，而是懂得分享、给予和接受，这是成熟的表现。凡事不只靠自己的力量，懂得适当地依靠他人的男孩一定是聪明的男孩。

善于把握分寸

生活中，我们总会遇到一些不顺心、不如意的事情。有时我们会生气、会发怒、会烦恼，这都是很正常的。但是善于自制的男孩能够把握好分寸，不让自己失去理智。他们懂得得意淡然、失意坦然的道理，懂得自身的价值，懂得如何制怒和排忧，更会妥帖地表现自己的心情。

要有长远打算

真正有个性的男孩总是有长远的打算，有自己的理想、抱负和追求。他们能够审时度势，量力而行，会从容不迫地为自己的理想而奋斗。而且只要树立了一个目标，他们就会坚持到底。

把学习当乐趣

真正了不起的男孩，会做到知识上、人格上的独立。正处于学生时期的我们，要以学习知识为重，而且还要把学习当作乐趣，敢想象，习惯于独立思考，要善于分析。

作为男孩，我们的肩上担子很重，而现在这个社会不再是"大鱼吃小鱼"，而是"快鱼吃慢鱼"。唯有热爱学习，善于学习，对知识、对周围的一切事物都抱着"学习"的欲望和认真的态度，我们才能不断获得新思想、新观念，让自己走在时代的前沿。

兴趣爱好广泛

日本一位教育家说："制造凡人的方法是极为简单的。那就是不让孩子热衷于某一种事物，只这一点就足够了，对任何事物都不着迷，都不感兴趣，这就是凡人的特征。"

你想做一个凡人吗？如果不想，那就让自己的兴趣广泛些吧！一个对生活充满兴趣的男孩一定每天都是乐观的、自信的。

第一阅读。读书可以怡情，读书可以明智，读书可以养气，读书可以明理。可以说，读书是我们培养自身气质和修养最有效的秘诀。

把阅读变成自己的一种习惯吧！广泛阅读各种有价值的、有益的书籍，譬如励志书籍、文学名著、诗词散文都是不错的选择。如果我们每天都读一会儿书，养成读书的习惯，就可以使自己越来越儒雅，成为一个出色的阳光男孩。

第二音乐。音乐是一种神奇的东西，健康、优美的音乐可以陶冶我们的情操，诱发我们的青春活力，有益于我们的身心健康。更重要的是，音乐能使我们富有一种艺术气质，让我们在举手投足之间透出一种优雅。

第三下棋。下棋是一项最能锻炼我们脑力的游戏，下棋的过程可以提高我们的智慧、耐心、意志力、判断力、注意力等。

第四书法绘画。绘画和书法可以培养我们与众不同的气质和审美能力，还能拓展我们的思维方式，修养我们的心性。爱好绘画和书法的男孩身上会散发出一种迷人的、恬静的艺术气质。

第五体操舞蹈。学习舞蹈和体操的男孩通常就算是站在人群中，其独特的气质总是很容易就脱颖而出，其魅力无法遮挡。

学习体操和舞蹈，不仅能让你的身材更挺拔、修长，而且举手投足间都能散发出一种优雅、高贵的气质美来。适合男孩的舞蹈很多，动感一点的像拉丁舞、伦巴舞、恰恰舞、街舞、爵士舞等。还有国标舞、现代舞、形体舞等都可以提升我们的气质。

第六其他爱好。游泳、打球、滑水、爬山、乐器、跆拳道、击剑等，这些运动不仅可锻炼我们的身体、增强我们的体质，还有利于培养我们不怕困难、勇敢顽强的意志。

培养理财能力

现代社会是一个经济社会，一个真正的阳光男孩一定要注意培养自己的理财能力。这是现代社会要求我们必须要具有的一种能力，也是我们将来在社会上生存的一种基本技能。

什么是理财呢？其实，理财并没有多么深奥，简单地说就是会花钱、会赚钱。有的男孩肯定要问了，怎么样才叫会花钱，会赚钱呢？

首先，我们要有一个正确的金钱观。现在，很多男孩花钱大手大脚，喜欢攀比，穿衣服要穿名牌，吃东西要吃最好的。盲目花钱不是时尚而是挥霍，适当省钱不是老土而是理智。

比尔·盖茨很有钱，但是他一样很节省。他没有自己的私人司机，公务旅行不坐飞机头等舱却坐经济舱，衣着也不讲究什么名牌；更让人不可思议的是，他还对打折商品感兴趣。

其次，我们要学会换位思考。有一句电视剧台词说得好："你觉得父母理所当然都应该为你考虑，可他们也是人啊，当他们的需求跟你的发生冲突时，你要求他们一切为你着想，是不是太自私了？"

是啊，父母给我们钱花，供我们读书，是出于一种责任；我们已经不是小孩子了，也应该懂得对父母负责，尊重父母的劳动果实。

另外，为了避免盲目消费，我们可以做一个生活统计表，把每天的支出记下来，到月底进行汇总，你就会发现有些钱花得值，有些却是浪费，这样就可以引以为戒。

至于赚钱，方法也有很多。不过现在我们学业要紧，所以，最简单的赚钱方法就是节省自己的零用钱、压岁钱。你可以把这些钱存起来，如果你的压岁钱数额很大，你可以让父母或者咨询银行工作人员，帮你选择一个投资项目，让"钱生钱"。

当然，除了这些，我们还可以通过打工自己赚钱。在国外，很多男孩都会利用课余时间，去做一些简单的零工，像帮人家剪草坪，或是在快餐店、电影院帮忙卖东西，还有骑脚踏车送报等。

其实，这些工作我们也可以做，当然前提是不影响学习。我们可以去送外卖，可以去餐厅做小时工，可以写文章赚稿费，可以给客户发宣传单赚取报酬等。这些工作不仅可以赚钱，还能锻炼自己的工作能力、交际能力，培养良好的品质，何乐而不为呢？

总之，作为男孩，如果你能做好以上的事项，那么你绝对就是一个有个性、有品格的好男孩。而你一旦具有了这些良好的性格，你的生活就会越来越精彩，展现在大家面前的也就是你最阳光的一面了。

心灵港湾：你有鲜明的个性吗

什么是有个性呢？有个性就是体现自身与众不同的气质，展现不一样的自我，能让自己在美丽的校园里脱颖而出。

其实，个性也表现在我们生活中的方方面面。所以，日常的一些生活习惯，往往都会暴露出你的个性，这可是有心理学根据的，不信就测测看吧！

	是	否
1. 你喜欢不按常规行事吗？	☐	☐
2. 你总喜欢穿前卫、新潮的服装吗？	☐	☐
3. 你喜欢新奇、冒险、特殊的经历及体验吗？	☐	☐
4. 与异性在一起时，你能够自然地显现自己的才能与鲜明个性吗？	☐	☐
5. 你有特殊的兴趣或爱好吗？	☐	☐
6. 与观念保守、陈旧的人待在一起，你会感觉很乏味吗？	☐	☐
7. 你想出的主意总是标新立异、特点鲜明吗？	☐	☐
8. 你爱吃与别人不太一样的食物吗？	☐	☐
9. 你总是能自己做出一些决定吗？	☐	☐
10. 你喜欢参加辩论或气氛很热烈的讨论吗？	☐	☐
11. 你的意志坚强吗？	☐	☐
12. 你往往不顾他人的劝说或反对，坚持己见吗？	☐	☐
13. 你认为"人是命运的主人"吗？	☐	☐
14. 你做决定时，总是很果断，很少向旁人征求意见或者求得支持吗？	☐	☐
15. 你愿意不计名利地坚持开创一项尚未取得社会认同的事业吗？	☐	☐

计分方法

选择"是"计"1"分,选择"否"计"0"分。

【总分】　　分

得分解析

9~15分:个性鲜明

你个性鲜明,喜欢标新立异、与众不同,喜欢表现自我。你的独立意识与坚韧意志力,使你在许多情况下显得很有主见、很有魄力。不过,这样的你有时也会很冲动,妨碍人际关系的良好发展,所以,你需要在必要时学习、体验一下"随和"的人的优点,对自我缺憾进行"补位"。

3~8分:个性颇强

你个性颇强,但又不乏随和,你的朋友喜欢你在讨论时"伶牙俐齿",同时也喜欢与你一起想问题。你顽强中带有含蓄,坚定里带有婉转,你的个性发展是比较随和的,要继续保持哦!

0~2分:习惯于随波逐流

你是一个习惯并甘于"随波逐流"的人,显得过于随和,与他人在一起的时候常常被忽视。你将个性的棱角磨平了,如果你发现这种"平"会使自己莫名的失落与忧虑的话,那么就是你的心理机制在提醒你:不要忽略了自己的个性,失去了原本丰富多彩的个性特色。学会自我分析、自我调适、自我平衡,你就能学会自我发展与自我超越。

形色人生:每个人都有自己的性格

你有过这样的体验吗?某个人,你感觉他很有气质,自己总是不自觉地被他吸引；而另外一个人，却让你老远地就想逃之夭夭。你是不是也不知道为什么？

其实，这是与人的性格有关系的。人的性格结构是极其复杂的，往往是由多种性格特征融合而成的。就像七色彩虹，各有各的不同。

现在，我们就来讨论一下，你的性格特点是什么？你是属于什么性格的男孩？知道答案以后，再改变你性格中不好的一面，加强优秀的一面，这样你就会变得更有气质了！根据医学和心理学对性格的研究，一般有如下的性格分类。

按理智情绪心理分

这种分类方法是根据我们的理智、意志和情绪在性格中所占据的地位来划分的，主要有三种类型：

一是理智型。理智型的人的特点是头脑冷静、情绪稳定，不容易激动和发怒，平时总是心平气和，办事讲道理、用"理"字衡量一切。

二是情绪型。情绪型的人在面部表情及体态方面表现很丰富、明显，但情绪波动大，处事比较任性，常常被情绪所控制和支配。

三是意志型。意志型的人做事有目标、有条理，行为主动积极有韧性，自制力较强。

按个性心理活动分

按照人的个性心理活动，即表现出对外界事物的感受，是倾向于外还是倾向于内划分，主要有外倾型和内倾型两种。

一是外倾型。实际上就是我们常说的外向型。这种类型的人以活泼、开朗、自信为主要特点，还比较健谈，善于交际，反应迅速。外倾型的男孩通常不拘小节，追求时尚，还能很快地接受新事物。

二是内倾型。它与外倾型相对应，也叫内向型。性格内向的人沉静缄默、处事谨慎，好幻想、反应缓慢但办事很有条理，内心活动较强。

按个性独立程度分

按照我们的独立性程度划分，可以将性格分为独立型和顺从型。

一是独立型。独立型的人善于独立思考，自信心强，有主见和信仰，做事大胆果断、有魄力，不过平素容易表现出主观偏激、固执的心理状态。

二是顺从型。顾名思义，顺从型的人做事缺乏主见、依赖性强，很容易接受他人指示，做事往往随大流，面对逆境时容易惊慌失措。

按人际关系分

这是目前比较通用的一种性格类型划分方法，主要是按照人际关系，同时考虑其他的心理特征，将人的性格划分为A、B、C、D、E五种类型。

一是A型。A型性格的人争强好胜、嫉妒心强；情绪不稳定，遇事急躁，带有点外倾型性格的特点；适应能力较差，人际关系不是很融洽。这种类型也被称为行为型。

二是B型。B型，也叫一般型。具有这种性格的人情绪较平稳，通常比较乐观，能快速适应周围环境；但在工作、智力、体力方面表现一般，做事较被动，不善于交际。

三是C型。C型性格的人，具有较强的适应外界环境的能力，遇事沉着冷静，做事有条理；但C型人有内倾型特点，不善于交际，缺乏组织能力，因此也叫平稳型。

四是D型。D型，也叫积极型。这种性格的人做事积极主动，能适应各种环境；为人活泼开朗，善交际、乐于助人；组织和管理能力较强，有外倾型特点。

五是E型。E型人情绪多半很消极，对周围环境的适应能力差；他们不善交际、不喜言谈，带有一些内向型的特点；他们喜欢独居、内心活动较丰富，但是很善于独立思考，有自己独特的爱好和兴趣。人们往往将这种类型称为逃避型。

现在，我们已经知道了各种性格类型的特征了，根据这些特征，看看你是属于哪种类型的吧！

或许你会发现，自己这个类型也有点，那个类型也有点。这就对了，因为不管哪种性格分类，都不能完全符合一个人的所有性格特征，恰如世界上绝对没有两片完全相同的树叶一样，每个人总会有自己的独特性格，正所谓："百人百面目，千人千性格。"

不管怎么样，总有一种与你差不多的性格类型。不论是哪种，敢于做自己，也敢于改变自己的男孩，才是真正的阳光男孩！

第五章　秀出真风采

我们的身高和五官是天生的，但翩翩风度、堂堂仪表和倾倒众人的魅力却是通过后天的培养和训练获得。你是有魅力的男孩吗？勇敢秀出来吧！

翩翩少年：阳光少年优雅气质

在我们的日常生活中，你是否有过这样的体验：有的人并没有英俊的外貌，也没有名牌衣装，但在他们的身上却总散发出一种迷人的优美：睿智、刚强、执着、认真……不论哪一点，其实，都是他们的气质在"作怪"。

那什么是气质呢？气质是非常玄妙的，我们似乎无法真切地描述它。它看不见、摸不着，却总是虚无缥缈地笼罩在人们身上，让周围的人随时感受到它的强大气场。

作为一个阳光少年，我们真正的风采其实就是我们身上特有的阳光气质。这种气质无论是对异性，还是对同性都同样有着吸引力。然而，气质可不是想穿就穿、想脱就脱的衣衫。优雅的气质是构成我们魅力形象的重要内在因素。下面来看看色彩绚丽的各种优雅的气质特征吧！

质朴纯真

有质朴纯真气质的阳光少年，能让人感觉到他们的本色。质朴纯真的气质能够让你拥有好人缘，能够轻松自如地与他人交往，让别人对你信任有加。

朴实无华，并非滞留于外表，而是深植于心的。即使再华丽的衣装，也无损于我们内心的淳朴。我们的率真，不是孟浪轻率，而是待人处世的真诚。别以为这种"本色"的气质很容易得之，其实不然。因为随着年龄的增长，生活的负面教训往往令很多男孩洗去了本色，变得世故、圆滑了。我们唯有保持那份童年的天真，才能拥有淳朴的本色气质。

高雅端庄

具有高雅端庄气质的阳光少年，言谈颦笑、举手投足间，都会透出一股脱俗的气质来。真正气质高雅的男孩，心理上必是自信、自重的。他们从不随波逐流，即使身处闹市，也自有一份从容自如的端庄感。

但高雅的气质需要长时间的熏染。外在的高雅，可借助于外表的修饰，或短期的教育训练；但内在的高雅则需日积月累，以丰富的文化知识和典雅的审美情趣，充实和陶冶自己，久之才能孕育而成。

热情奔放

热情奔放的气质，会让我们充满青春的活力，任何时候都光彩照人。具有热情奔放的气质的人，虽然有时也会显示出任性、狂热，或不顾一切，但往往他们的性格如烈火一般，明快、大胆、敢说敢为。

拥有这样的气质的人总会不由自主地感染、吸引他人的眼球。这源于他们的爽朗、诚挚、透明和不做作，他们的喜怒哀乐，全都会清澈地表露出来。

深沉内敛

深沉内敛的人，总是透出一种神秘感，这是一种深藏不露的智慧，这样的男孩一定是聪慧的男孩。散发出这种气质的男孩是成熟体贴的，他们的沉稳给人一种安全、踏实的感觉。他们的身上充斥着干练、稳重的特质。

具有这种气质的人含蓄沉稳，处事谨慎，总是三思而后行。所以，无论什么场合都表现得冷静锐利而不张扬，平和且威严。

雄健粗犷

说到雄健粗犷的气质，不由得就会想起游牧民族剽悍的骑手……确实，他们的生活习性，他们的体魄装束，自然地赋予了他们这样的气质。

雄健粗犷的气质洋溢着阳刚美，跃动着生命的活力，这是最有"男人味"的气质。但这种气质不是靠发达的肌肉，更不是靠打架逞能来表现的。它靠的是勇于担当，是说话算话，是刚毅和勇敢，是自信和坚强的凝聚。

一个阳光少年如果有了这些优美的气质，就如同一座山上有了水就立刻显现出灵气一样，立刻变得神采飞扬、英姿焕发。这样的你，难道不是更有魅力、更加阳光吗？

青春密码：你的气质类型是什么

人的气质带有先天遗传的性质，它往往能影响人的行为方式、能力的形成和发展。气质与性格一样也是可以分类的。目前，心理学家们普遍认为，在通常情况下，人的气质类型可分为胆汁质、多血质、黏液质和抑郁质4种。

而每种气质类型又都有自己的优缺点，我们只有了解了自己的气质类型，才能扬长避短，修炼出优美的气质来。然而，大多数男孩并不清楚自己的气质类型。没关系，做完下面测试，你就会知道自己的气质类型了。

本测试共分4个单元，每题设有5个选项：A很符合，B比较符合，C介于中间，D不太符合，E很不符合，选出最符合你的答案。注意，回答时不要猜测什么是正确答案，只要根据你的实际情况与真实想法作答就好了。

第一单元：胆汁质　　　　　　　　　　　A　B　C　D　E

1. 遇到可气的事就怒不可遏，想把心里　　□　□　□　□　□
   话全说出来才痛快。
2. 和人争吵时，总是先发制人、喜欢挑衅。□　□　□　□　□
3. 羡慕那种善于克制自己感情的人。　　　□　□　□　□　□
4. 做事总是有旺盛的精力。　　　　　　　□　□　□　□　□
5. 情绪高昂时，觉得干什么都有趣；情绪低□　□　□　□　□
   落时，觉得什么都没有意思。
6. 对学习、工作、事业怀有很高的热情。　□　□　□　□　□
7. 喜欢参加热闹的活动。　　　　　　　　□　□　□　□　□
8. 宁愿侃侃而谈，不愿窃窃私语。　　　　□　□　□　□　□
9. 认准一个目标就希望尽快实现，不达目　□　□　□　□　□
   的誓不罢休。
10. 做事有些莽撞，常常不考虑后果。　　　□　□　□　□　□
11. 喜欢运动量大的剧烈体育活动，或参加　□　□　□　□　□
    各种文艺活动。
12. 爱看情节起伏跌宕、激动人心的小说。　□　□　□　□　□
13. 和周围人的关系总是不好。　　　　　　□　□　□　□　□
14. 别人说我"出语伤人"，自己并不觉得。 □　□　□　□　□
15. 兴奋的事常常使我失眠。　　　　　　　□　□　□　□　□

【总分】　　分

第二单元：多血质　　　　　　　　A　B　C　D　E

1. 到一个新环境很快就能适应。　□　□　□　□　□

2. 善于和别人交往。　□　□　□　□　□

3. 在多数情况下情绪是乐观的。　□　□　□　□　□

4. 在人群中从不觉得过分拘束。　□　□　□　□　□

5. 理解问题总比别人快。　□　□　□　□　□

6. 有兴趣的事情，干起来劲头十足，否则就不想干。　□　□　□　□　□

7. 讨厌做那种需要耐心、细致的工作。　□　□　□　□　□

8. 工作、学习时间长了常感到厌倦。　□　□　□　□　□

9. 疲倦时只要短暂的休息就能精神抖擞，重新投入学习和工作。　□　□　□　□　□

10. 能够很快地忘记那些不愉快的事情。　□　□　□　□　□

11. 接受一个任务后，就想把它迅速完成。　□　□　□　□　□

12. 能够同时注意几件事。　□　□　□　□　□

13. 希望做变化大、花样多的工作。　□　□　□　□　□

14. 反应敏捷，头脑机智。　□　□　□　□　□

15. 若工作枯燥无味，马上就会情绪低落。　□　□　□　□　□

【总分】　　分

第三单元：黏液质　　　　　　　　A　B　C　D　E

1. 做事力求稳妥，不做无把握的事。　□　□　□　□　□

2. 喜欢安静的环境。　□　□　□　□　□

3. 生活有规律，很少违反作息制度。　□　□　□　□　□

4. 遇到令人气愤的事，能很好地克制住自己。 ☐ ☐ ☐ ☐ ☐

5. 当注意力集中于某一事物时，其他的事物很难使我分心。 ☐ ☐ ☐ ☐ ☐

6. 能够长时间做枯燥、单调的工作。 ☐ ☐ ☐ ☐ ☐

7. 与人交往不卑不亢。 ☐ ☐ ☐ ☐ ☐

8. 不喜欢长时间谈论一个问题，愿意实际动手干。 ☐ ☐ ☐ ☐ ☐

9. 理解问题常比别人慢些。 ☐ ☐ ☐ ☐ ☐

10. 老师或师傅讲授新知识、技术时，总希望他能讲慢点，多重复几遍。 ☐ ☐ ☐ ☐ ☐

11. 不能很快地把注意力从一件事转移到另一件事上去。 ☐ ☐ ☐ ☐ ☐

12. 认为墨守成规比冒风险强些。 ☐ ☐ ☐ ☐ ☐

13. 对工作抱着认真严谨、始终如一的态度。 ☐ ☐ ☐ ☐ ☐

14. 在体育活动中，常因反应慢而落后。 ☐ ☐ ☐ ☐ ☐

15. 喜欢有条理而不太麻烦的工作。 ☐ ☐ ☐ ☐ ☐

【总分】　　　分

第四单元：抑郁质　　　　　　　　　　A　B　C　D　E

1. 宁肯一个人做事，不愿很多人在一起。 ☐ ☐ ☐ ☐ ☐

2. 厌恶那些强烈的刺激，如尖叫、噪音、危险镜头等。 ☐ ☐ ☐ ☐ ☐

3. 碰到陌生人觉得很拘束。 □ □ □ □ □
4. 遇到问题常常举棋不定,优柔寡断。 □ □ □ □ □
5. 碰到危险情景时常有一种极度恐怖感。 □ □ □ □ □
6. 一点小事就能引起情绪波动。 □ □ □ □ □
7. 喜欢看感情细腻、描写人物内心活动的
   文学作品。 □ □ □ □ □
8. 别人说我总是闷闷不乐。 □ □ □ □ □
9. 心里有话,宁愿自己想,不愿说出来。 □ □ □ □ □
10. 同样和别人学习、工作一段时间后,
    比别人更疲倦。 □ □ □ □ □
11. 做作业或完成一件工作总比别人花的时
    间多。 □ □ □ □ □
12. 当我烦闷的时候,别人很难使我高兴
    起来。 □ □ □ □ □
13. 喜欢复习学过的知识,重复做相同的
    工作。 □ □ □ □ □
14. 小时候会背的诗歌,我似乎比别人记
    得清楚。 □ □ □ □ □
15. 老师讲概念,常常听不懂,但是弄懂
    以后就很难忘记。 □ □ □ □ □

计分方法

A计2分,B计1分,C计0分,D计-1分,E计-2分。

【总分】　　分

得分解析

在上面4种气质类型中,如果某一类气质类型的得分很明显高出其他3种,且均高出4分以上,则可确定为该类气质;如果该型气质得分超过20分,则为典型;该型气质得分若在16~20分之间,则为一般型。

如果有2种气质类型得分接近,其差异低于3分,而且又明显高于其他2种,高出4分以上,则可定为这两种气质的混合型。

如果有3种气质得分均高于第四种,而且相互接近,则为3种气质的混合型。

胆汁质

胆汁质的人反应迅速,性情直率,精力旺盛,但脾气火暴;兴奋时,决心克服一切困难,精力耗尽时,情绪又会一落千丈。

多血质

多血质的人活泼、热情、有能力,适应性强,喜欢交际;他们精神愉快,思维敏捷,有着广泛的兴趣;不足的地方是很容易转移注意力。

黏液质

黏液质的人情绪比较稳定,有耐心,自信心强;生活也很有规律,通常不会为无关的事情分心;他们不会空谈,态度认真,稳重;但有时候不够灵活,因循守旧,对生活缺乏热情。

抑郁质

抑郁质的人内向,腼腆,但是很细心,易相处,有很好的人缘;做事坚定,能克服困难;不足的地方是比较敏感,易受挫折,性格有点孤僻,反应缓慢,容易不思进取。

阳光风采：青春的魅力无极限

魅力是什么呢？你肯定在心里说过某某真吸引人。这个所谓的吸引人的东西就叫作魅力。在他人眼里，你是个富有魅力的男孩吗？从现在起，可要认认真真看下面的内容了。因为你的魅力会从此被点亮，生命会从此变得多彩多姿起来。

在每个男孩的心里，肯定都会有几个魅力形象吧，或者说"偶像"。他们是谁？他们凭什么牵动你的心灵呢？认真思考一下，他们吸引你的特质是什么？是显赫的成就、不懈的坚持、无悔的追求，还是从容自信的神采、积极乐观的心态，或是坦坦荡荡的宽大胸襟呢？

这些明显的特质，其实就是我们修炼自己青春魅力的基础。

然而，魅力到底表现在哪些方面呢？真正的魅力是一个人内在美和外在美的和谐产物，外在美是指形美，内在美是指神美，两者都要兼备。

形美

魅力由内而生，显现于外。人人都能看得见的仪表，感受到的言谈，是展露我们青春风采的第一线，千万不能轻易放过。

也许你会说一个人就算是貌比潘安，全身名牌，也未必能产生让人折服的吸引力，就像马戏团里的小丑，只会引人发笑而已。

没错，暴发户式的炫耀态度固不可取，但过分寒酸却也同样不易赢得尊重。适度地打扮自己，视不同的场合，调整自己的外在形象，才是得体而聪明的办法。

美国前总统里根就是一个懂得从外表下手、增加自己魅力的人。在他担任总统期间，人们看过他在正式场合迷人的表现，但是令人印象更为深刻的，却是他穿休闲装打高尔夫，穿牛仔衣骑马奔驰时的翩翩风度。多面的形象，帮助里根塑造出他的领袖魅力。

此外，良好的礼貌仪态也是提高我们魅力的重要因素。所谓礼貌仪态就是要有优雅的风度、得体的举止和整洁的仪表。具体怎么做，前面我们已经说过了，相信你已经心中有数了吧。

我们的一举一动稳重得体，待人接物热情正直，言谈幽默风趣、声情并茂，这些都会传达出我们的青春魅力。当然，形美还应该建立在身体健康的基础上。

神美

如果说形美是看得见的魅力，那么这种魅力源于我们看不见的心灵最深处，那就是神美。如果我们的内在有气度、有文化、有艺术感，展现在外自然也很有风度、很吸引人。

真正的魅力是不受年龄、服饰和打扮限制的，它首先来自我们丰富的内心世界。

人格品质也是我们内在魅力的又一方面，也是让人们对我们产生好感的基础。一个人的吸引力，根本上在于一种使人喜爱、仰慕并渴望接近的性格品质，这种吸引力就是我们的人格魅力，它像磁铁一样将众人牢牢地聚集在我们的周围。

而意志是人格品质中最重要的品质。那些能表现出超人的意志的人，足以令人折服、仰慕。超人的意志表现出来的就是坚忍、刚强和弘扬正义的英雄气概。

真诚同样是我们赢得人心、产生魅力的必要品质。曾国藩曾经给"诚"下过定义："一念不生是谓诚"，故"诚于中，必能形于外"。真诚在内心就是纯真无邪,表现于外就是真实不虚、率真自然;这样的人自然就会心胸坦荡,正直无私。所以,真诚的心就像阳光雨露,能温暖人心,净化心灵。

自信自强同样是我们提高自己青春风采的重要条件。自强不息会使一个人精神饱满,积极向上,随时表现出蓬勃的朝气。

在所有的人格品质中,才学智慧是我们的魅力最重要的内在基础。也许你没有英俊的脸庞,也许你没有漂亮的衣装,也许你有一些缺陷……不过因为你的才华,人们会不由自主地被你吸引!

是啊,一个人不论你有多么滔滔雄辩,不论你有多么广的人际关系,也不论你的外表形象多么好,你总得有东西可说才好,否则你就是一个苍白无力的人。而内心空虚,不学无术就不可能形成美好的风度,更不会产生迷人的魅力。

所以,我们不但要注意自己的形象,更要在才学智慧上努力求索,我们要充分地利用学习机会和青春年华,使自己真正成为一个具有真才实学、受人尊敬的人。

魅力A+:你在哪些人面前最有魅力

谁有魅力,谁没有魅力呢?事实上,每个男孩都有自己独特的魅力,所以每个男孩都会有欣赏的人为我们鼓掌喝彩。

为了成功塑造我们的魅力形象,我们必须知道应该将自己的哪一面展现在人们面前。在接下来,就让我们一起看一看你的魅力表现在哪里吧!

1. 你在假期时参加夏令营,遇到了几个要好的朋友并一起度过那段美好时光,你们现在是否还保持联系?

A. 常常通信打电话。

B. 通过一段时间的信，以后就没联系了。

C. 夏令营结束，朋友关系也就结束了。

2. 假如你发现你最好的朋友偷了人家的东西，你怎么办？

A. 不报警，尽力去说服他自首。

B. 去报警，他偷了东西就应该受惩罚。

C. 没想过这个问题。

3. 你对美国前总统里根离任演说时，流下眼泪有何感想？

A. 他是个虚伪的政治家，这是他为博取公共好感而耍的花招。

B. 里根真是个有感情的人。

C. 我对政治和政治家都不感兴趣。

4. 要是有人在你家窗前建了一座遮阳的建筑，使你很难见到阳光，你觉得是不是难以忍受？

A. 当然不会乐意，但人家又没犯法。

B. 怒气冲天，找建筑单位去抗议。

C. 盘算自己改造一扇向阳的窗户。

5. 下面几个影视明星你比较喜欢哪一个？

A. 周星驰。

B. 成龙。

C. 周杰伦。

6. 你的一位并不是很要好的同学请你周末帮他粉刷新居，他很难为情地说如果你有事就不必劳驾了，恰好你周末有一个要好的同学过生日，你该怎么办？

A. 如实告诉他自己有事，抱歉不能帮忙。

B. 答应他，但希望改天去。

C. 既然他求到我，可能是没找着别人，给好朋友打个电话，告诉他可能会晚一点。

7. 火车站里列车晚点，问讯处的人对你又爱理不理的，你会对她发脾气吗？

A. 找她的领导评理，反正车已经晚点了。

B. 现在这种事、这种人到处都有，再去问别人就得了。

C. 嘟囔几句就算了。

8. 在上你不喜欢的课时，你是否总是无精打采甚至常常犯困？

A. 可不是，我被同学叫醒的时候，总能看见老师站在讲台上愤怒地看着我。

B. 喜不喜欢都尽力去学，至于学好学不好就看天赋了。

C. 不管是为升学还是为积累知识，我都得拼命培养自己对这门课的爱好。

9. 你放在课桌上的手机突然不见了，你的第一感觉是什么？

A. 肯定被人偷走了。

B. 是不是被什么东西压住了。

C. 又是同桌拿走跟你开玩笑了。

10. 在家里总是妈妈干活最多，虽然她的工作时间不比爸爸短，收入也不比他少，你认为这正常吗？

A. 当然，谁家都这样。

B. 觉得不公平，对跷着二郎腿看电视的爸爸提出抗议，同时尽量去帮妈妈。

C. 建议家务分工，自己只负责刷碗和倒垃圾。

计分方法

题号	A	B	C	题号	A	B	C
1	5	3	1	6	1	3	5
2	5	1	3	7	1	5	3
3	3	5	1	8	1	5	3
4	3	1	5	9	1	3	5
5	5	1	3	10	1	3	5

得分解析

40~50分：魅力无处不在

毫无疑问，你具有王子般的魅力，是一个很受人喜欢的男孩。不论是在朋友、熟人还是陌生人眼里，你都极具吸引力。

20~39分：只在正直、高尚者面前显现

你的魅力也不差，但有一定的局限性。跟伪善者、小气鬼或者文化程度不是很高的人在一起，你便会失去应有的风度，同时你也懒得跟不喜欢的人交往。

0~19分：只在熟人面前展现

你的魅力只局限于你所爱的人眼中，再坦率点说，你并不讨大多数人的喜欢，所以，你需要调整一下自己的脾气和处世原则了，否则，你会处处碰壁的。

踏浪季节：魅力是这样练出来的

我们都喜欢接近有魅力的人，有魅力的人几乎人见人爱。其实，我们也可以有这样一个魅力的形象，你相信吗？因为魅力就在我们的生活中，只要我们懂得随时观察，随时演练，随时创新，魅力自然会闪现。

那么，我们到底要如何展现和演绎我们阳光少年特有的魅力呢？下面就让我们来看一些小秘诀吧！

有自信就有魅力

男孩有了自信就有"型"，展现出你的一分自信，就等于给自己多加了一分气质，多了一分魅力。

做一个有自信的男孩就要在任何情况下，都镇定自若，不要露出一副不知所措的样子；讲话、走路要有力，自然，没有任何的慌张；即使在并不太熟的人面前，心里再紧张，也要设法让自己冷静下来，比如一个微笑、一个深呼吸。

积极地与人交流，不要觉得进入别人的生活圈子和话题之中是非常困难的事，你只要微笑、倾听，放松自己紧张的情绪，尽量将心中所思所想用准确、清晰的言语表达出来就可以了。慢慢地，你就能自如地与人交流，就能在任何人面前勇敢地表现自己，成为一个自信、有魅力的阳光男孩了。

还有，做每件事之前，我们都要仔细考虑，但绝不能犹豫不决，当机立断才不会错失良机。有自信的男孩敢于发表自己的意见，有自己的主见，对于已经决定的事是不会轻易反悔的。

一个有自信的男孩也是勇敢面对现实的男孩。记住，时间是不能倒退的，所以不要经常幻想自己回到那个无忧无虑的孩童时代。

有自信的男孩从来不说"我不行"，而是告诉自己："我能行！"他们在羡慕他人的成绩的同时，更会努力让自己变得和他人一样优秀。

日常生活显魅力

一个人的魅力并不是一件衣服，需要时就能穿上，也不能像添置某件物品一样将它随意地加到我们的生活中。魅力隐藏于我们生活中的每一处，千万要留心哦!

有人说"认真的人最有魅力"，没错，做事专心、认真的人最有魅力了。所以，不要抱着得过且过的做人态度，对每件事情我们都要认真对待，而且最好能列出一个详细的计划。

做一个有魅力的男孩，就要谦虚谨慎。不要觉得自己才华出众，就了不起，也不要做了一点事，就自夸自话。因为谁都有闪光的地方，才华不及你的人也许有着高尚的品格呢！所以，不可小视他人。

做一个有魅力的男孩，就要深沉大度。对于别人的言行，不要毫不考虑就嘲笑讽刺，也不要动不动就与人吵架、争辩。我们要懂得宽容，学会原谅别人的小过失、小错误。谁没有犯错的时候呢？

一个有魅力的男孩总是很有自制力，不会随便显露自己的情绪的。所以，当你遇到不如意的事情，或者有人批评自己时，不要马上在脸上露出不快之色，一旦那样，别人就会认为你小肚鸡肠。对于一些谣言，不要盲从听信，应该冷静对待。感觉压力很大的时候，就适当地放松一下，不要愁眉紧锁。

我们还要勇于亮出自己的优点。如果你总是躲在壳里，即使你有再多的优点，别人也看不到。所以，大胆走出来，让别人看到你的优点，慢慢地，当大家更了解你的时候，他们就会被你的魅力所折服了。

做有魅力的男孩，就要有一技之长。比如唱歌、弹琴或某项体育运动很棒等，在适当的时候表现出来，大家自然会对你刮目相看。同时，我们还要注意修饰自己的外表，恰当地显示自己的个性。

这些小小的诀窍，都是我们要注意的地方，做到了这些，我们的魅力自然就会展现出来了，我们就会在生活学习中有自己充分的施展的空间，我们就可以活得更自由、更快乐，也更阳光了！

成长指南：你是否走向了成熟

在你的心中，你的第一个偶像是谁呢？在很多男孩的心中，爸爸往往就是自己的第一个偶像。那时，年幼的我们总是希望自己快快长大，能像爸爸那样高大、那样成熟。

如今，我们慢慢地长大了，随着我们渐渐长高，随着我们生理发育的成熟，我们的心智是否也走向了成熟呢？让我们一起做一个测试，然后你就会知道要从什么地方改变自己，使自己变得成熟起来！

1. 在比赛中你喜欢的对手是：

A. 技术高超的，这样你有更多的机会提高自己的技术。

B. 比你的技术略高一筹的，这样玩起来更有趣些。

C. 比你的技术差劲的，这样你可以赢他。

D. 跟你的技术不分上下，两人均有机会赢对方。

E. 一个具有体育道德的人，不管其技术如何。

2. 你喜欢的生活环境是：

A. 比现在更简单一些的环境。

B. 就像现在这样的环境。

C. 按部就班逐渐向好的方面发展的环境。

D. 变化中的环境，并利用变化的机会发展自己。

E. 不断变化的环境。

F. 比现在更好的环境。

3. 你和同学进行争论的倾向是：

A. 你总是喜欢随时进行有益的争论。

B. 如果你有兴趣，你通常喜欢争论。

C. 你很少与人争论，喜欢自己与众不同的观点。

D. 你不喜欢争论，并尽量避开争论。

E. 不讨厌争论。

F. 你喜欢漫无边际的讨论。

G. 你喜欢考人家的知识。

4. 非家庭人员批评你时，你的反应通常是：

A. 分析批评者为什么批评你。

B. 问批评者为什么批评你。

C. 保持沉默，过后丢到脑后。

D. 遇到机会，也对他进行批评。

E. 如果你认为自己是对的，就为自己辩护。

F. 保持沉默，并对他记恨在心。

5. 你认为，人们生活要过得既愉快又有意义，关键在于：

A. 如何适应环境并利用好的环境发展自己。

B. 如何适应环境并利用坏环境中的因素发展自己。

C. 即使环境不好，仍尽量加以利用，变不利为有利。

6. 你希望给人一个好印象的倾向是：

A. 预先想好，并刻意追求。

B. 很少预先想好，但总设法给人一个好印象。

C. 很少考虑给人一个好的印象。

D. 不喜欢别人这样做，自己也从来不这样做。

7. 学习中遇到棘手的问题时：

A. 向比你懂得多的人请教。

B. 通常向你的好朋友请教。

C. 很少请人帮助你。

D. 如果你认为你的朋友知道如何处理，你就去问他。

E. 你尽力去解决，实在不行，再去请求别人帮助。

8. 你认为生活要有意义就必须生活在：

A. 比现在关系更融洽的亲戚朋友中间。

B. 有知识的人中间。

C. 比现在更多的亲戚朋友中间。

D. 现在的亲戚朋友中间。

E. 不管什么人中间。

F. 志同道合的人中间。

9. 你遇到感情问题时：

A. 你很喜欢，因为你可以克服它们，很刺激。

B. 你特别感兴趣，因为你已经习惯了。

C. 你感到这是你生活道路上出现的暂时障碍。

D. 你没有感情问题。

E. 虽然使你不快，但你努力克制。

计分方法

题号	A	B	C	D	E	F	G
1	+8	+6	0	−5	+8		
2	0	−5	+6	+4	+2	−3	

3	-2	+8	+4	0	-4	0	0
4	+8	-6	-3	-2	-4	-4	
5	-1	-2	+5				
6	-1	+8	-2	-2			
7	+6	-3	0	-2	+2		
8	-4	+8	-2	0	-4	+4	
9	0	+4	+6	0	-1		

得分解析

根据计分方法，计算总分数，分数越高，证明你越成熟。这意味着你有自己的思想，有自己的人生尺度，也有了自己的方向。恭喜你，你一定是大家心中最有魅力的男孩！

绅士风度：处处展现迷人风采

不知道什么时候校园里开始流行起了"绅士"一词，也不知道何时我们开始用绅士风度来衡量一个男孩的修养。不管怎么样，让自己有绅士风度，已经成为每个男孩的成长必修课。可是，到底什么是绅士风度呢？如何才能体现出阳光少年的绅士风度呢？

如果我们到网上查一下，会发现这样一个定义：绅士就是不给别人添麻烦，并且让周边的人感到愉快舒适的人。别小看这句话，这里面的学问可大着呢！我们能从中悟出很多的东西，其实，这些东西就是绅士风度的"标尺"。

首先，一个具有绅士风度的人无论与什么人的目光相接，一定是颔首微笑给予回应，绝不会让对方看到生硬冷漠的眼神，"请""您""谢谢""对不起"等文明用语几乎从不离口。

真正的绅士凡事都很小心谨慎，举止很得体。他们会尽可能地避免一切正面冲突，在他们的脸上绝不会出现猜忌、忧伤或怨恨等表情。

绅士很关注身边的朋友，会和蔼地对待容易害羞的人，会温和地对待陌生人，会仁慈地对待可笑的人，会尽量让他人感到轻松自在。

绅士与人交谈时，很少出风头，但也不会让人感到无聊乏味。他们从来不炫耀自己，因为他们知道，一个有气质有魅力的人，即使"隐身"无论在哪里，也都像漆黑夜里的萤火虫一样，鲜明、出众。

真正的绅士不会为了反驳别人而替自己辩解。对于那些干扰自己的人，他们会平和、巧妙地暗示对方，维护对方的自尊心，给对方足够的面子。

对于周围发生的一些不如意的事情，绅士都会予以理解，尤其在与人发生争论的时候，他们从来不用卑鄙的手段，也不会强词夺理，更不会使用侮辱人格或激烈的言辞或者含沙射影地去攻击别人。

真正的绅士从来都是令人赏心悦目的。他们总是以干净整洁的形象和最佳的精神状态出现在众人面前。不过，真正的绅士风度绝不是装深沉，更不是自视清高。

最后，我们还要知道的是，一个真正的绅士，不仅仅是仪表讲究，风度翩翩，也不仅仅是懂礼仪且十分高贵的感觉，更是我国传统中的君子形象，有一种大气的内在美。绅士风度更体现在日常生活的点点滴滴中，记住并按照下面的箴言来做吧，它会让你从头到脚都散发出迷人的绅士魅力与风采！

绅士修炼箴言

沉着不寡断，豪放不粗野；

活泼不轻浮，自爱不自娇；

自由不放纵，自知不自弃；

老实不愚蠢，坚定不固执；

谨慎不胆小，谦虚不怯懦；

成熟不世故，单纯不幼稚；

大方不奢侈，朴素不寒酸；

自立不自私，温柔不软弱；

自信不自负，自珍不自赏。

彩色风铃：你是不是真正的绅士

在这个世界上，表面看上去很绅士的人太多了，但真正的绅士其实并没那么多。你是不是真正的绅士呢？不妨回答下面的问题。每个问题的"是"与"否"，都能从一个侧面反映出你是不是具有绅士风度。

	是	否
1. 你对待陌生人是不是像对待朋友那样很有礼貌？	□	□
2. 如果有人赞美你，你是不是有点得意忘形？	□	□
3. 如果有人批评你或者讲话刺伤了你，你是否显得很不高兴？	□	□
4. 如果有人错怪了你，你是否急于进行反诘？	□	□
5. 在大庭广众之下，你是不是一个不拘小节的人？	□	□
6. 对于别人的困难，你是否有同情心？	□	□
7. 有人尴尬不堪时，你是否感到很有趣？	□	□
8. 当你请求别人帮助，而别人无能为力时，你是否	□	□

面露不悦？

9. 当你帮助别人以后，是不是希望得到回报？ □ □
10. 当你不高兴的时候，是否口不择言？ □ □
11. 你会不会因为一件小事，向亲人大发脾气？ □ □
12. 当你心情不好时，别人来向你求援，你是否有些不耐烦？ □ □
13. 你和能力不如你的人相处，是不是显得有些盛气凌人？ □ □
14. 跟别人谈话时，你是不是很注意倾听对方的意见？ □ □
15. 你无意中做了使对方不悦的事，会不会主动向对方致歉？ □ □
16. 你是不是很容易展露出笑容，甚至是在不认识的人面前？ □ □
17. 当有人告诉你，某人在背后讲你坏话后，你是否急于找其对质？ □ □
18. 你是否经常嘲笑弱者？ □ □

测试解析

符合下列答案得1分，得分越高说明你的修养程度越高，越有绅士风度。

1. 是。一个真正的绅士，不论是对待熟人还是陌生人都是礼貌有加的。
2. 不是。赞美可能是实事求是的，也可能是故意吹捧。实事求是的赞美，固然使我们高兴，但这只是对过去的肯定，因而不应忘乎所以。
3. 不是。俗话说"忠言逆耳利于行"，批评中通常都含有合理的成分，讲话带刺往往事出有因，值得自己认真分析。

4. 不是。"以怨报怨"，是缺乏修养的表现；"以理服人"，才说明你的修养水平高。

5. 不是。大庭广众下更要注意礼节。不拘小节可能会给人一种粗暴、不礼貌的不良印象。

6. 是的。同情心是道德觉悟的重要表现，也是人的基本素养之一。

7. 不是。幸灾乐祸是人性冷漠、缺乏同情心的表现，这样的人是令人极度讨厌的。

8. 不是。真正的绅士从不强人所难。俗话说"强扭的瓜不甜"，强人所难不仅令人生厌，还可能破坏与对方之间的友情。

9. 不是。把帮助别人视作"等价交换"的筹码，是绅士最为不齿的行为。

10. 不是。真正的绅士绝不会迁怒于人。我们要学会忍耐，遇事要先反省自己，而不要去指责他人。

11. 不会。有绅士风度的人善于克制自己的脾气，不因为一些微不足道的事情乱发脾气。

12. 不是。乐于助人是一种高尚的品质，岂可因为自己的情绪而破坏它？

13. 不是。盛气凌人会惹人反感，也是缺乏修养的表现。

14. 是的。尊重别人的意见才会得到别人的尊重。

15. 会。"对不起""请原谅"，简单的几个字往往具有很大的力量，常常可以化干戈为玉帛。

16. 是的。微笑始终是使人通向快乐的最好入场券。

17. 不是。首先应把事情搞清楚，其次也要讲究方式。再说，谁人背后无人说？有些"坏话"付之一笑就好了，不必认真对待。

18. 不是。弱者需要同情，需要关爱，需要帮助，怎么可以嘲笑？

第六章　你的心我懂

进入青春期的我们,渴望别人把自己当成大人,渴望别人能够尊重、理解自己。那么,你的内心世界是怎样的呢?一起来了解一下吧!

秘密轰炸：阳光男孩的青春期烦恼

当我们进入青春期后，就结束了"少年不识愁滋味"的孩童时代，进入"多事之秋"了：开始顶撞爸爸妈妈了；有点不爱学习了，还学会了撒点小谎；开始有了自己的秘密，不想让爸爸妈妈和老师知道；还常常因为一点儿小事而发脾气，就像一个长满刺的小刺猬，让人靠近不得；遇到了挫折又想得到爸爸妈妈的关心……

这是怎么了？我们为什么会这么矛盾呢？不要过于担心，每个男孩在青春期或多或少都会出现这样的情况，这就是"叛逆的青春"啊！说到这里，突然想起了一首名叫《小小少年》的歌：

小小少年，很少烦恼，
眼望四周阳光照。
小小少年，很少烦恼，
但愿永远这样好。
一年一年时间飞跑，
小小少年在长高。

> 随着岁月由小变大,
> 他的烦恼增加了。
> 小小少年,很少烦恼,
> 无忧无虑乐陶陶。
> 但有一天,风波突起,
> 忧虑烦恼都到了。
> 一年一年时间飞跑,
> 小小少年在长高。

是啊,我们在悄悄地长大,我们的心里充满着矛盾,成长中的我们有着太多的烦恼,"烦死了""我郁闷",怎么办呢?

没关系,只要我们学着远离或者化解这些烦恼,我们的青春就会闪闪发光。一般来说,我们青春期的烦恼主要表现在心理方面,下面就让我们一起聊一聊吧!

得不到理解

进入青春期以后,我们总感觉自己已经长大成人了,内心有着强烈的独立欲望,迫切希望得到大人们的尊重和理解,渴望别人把自己当作成人一样对待。却又因为种种原因,得不到他人,特别是父母的尊重和理解。于是烦恼就产生了。

这种烦恼主要表现在不愿意父母过多地干涉自己,总嫌父母太啰唆,常常感到很厌烦;遇事还喜欢自作主张,喜欢争强好胜,喜欢争论,总想大声地发表自己的意见;而且还很爱表现自己。可是,一旦有人伤害了我们的自尊心,就烦躁不安,寂寞孤独、忧虑苦闷等坏情绪就通通找上门来。

这个时候的我们总是很矛盾，喜欢团体生活，又希望能独自深思；情绪忽好忽坏，前一秒还充满信心，后一秒就焦虑不已，感到前途渺茫了。

感到自卑

自卑是什么呢？它其实是一种因与别人比较，觉得自己比不上别人而自愧不如的情绪体验。自卑的人，对自己的评价偏低，于是就自怨自艾、悲观失望、胆怯、忧伤不已。

特别是进入青春期后，我们对自己的外形、能力等要求越来越高，总希望自己能处处超越别人；一旦发现自己某些方面不如意或者经过努力后还是不行，就会产生挫折感，自卑起来了。

> 同样的年龄，为什么自己又矮又瘦呢？
> 我怎么这么笨呢？我就不是读书的料！
> 我怎么就不能像他们那样有那么多朋友呢？
> ……

自卑其实是对自己缺乏正确的认识。所以，在现实生活中，自卑的人总是想把自己隐藏起来，行为畏缩或随声附和；还常常产生疑忌心理，看到别人小声说话，就以为是在说自己的坏话；神经敏感、脆弱，经不起较强的刺激；有时还不相信自己的能力，没有一点主见，一旦遇到错误或是有些事情没有做好就以为是自己能力差而造成的。

自卑的人，在现实生活中很容易受挫、失败。更确切地说，自卑感源于我们的信心不足。就像有位作家说的："一个自卑的人并非浑身缺点，但他从来拒绝看到自己闪光的地方，而以放大镜对付自己的短处……人好像灰色得活不下去，好像下一刻就是世界末日……一个人，若时常处于自卑状态，自己也会成为自己的地狱。"

所以，不管你为什么自卑，都要努力克服它，这样才能让自己阳光起来！

感到孤独

有些男孩常常感叹："没人理解我！""我好孤独啊！""我总有一种被抛弃的感觉，怎样才能摆脱寂寞啊？"如果你也有这种感觉，那就表明你也中了青春期孤独症的"毒"了。

步入青春期的我们，不再满足于父母的关心爱护，内心充满着各种幻想和憧憬，可由于自己的能力经验还不够，想与人交流又不愿意敞开心扉，又找不到志趣相投的朋友，于是就会生出很多的伤感来，压力和苦闷无处诉说，孤独、寂寞就随之而来了。

其实，这种孤独感源于我们自我意识的发展。这是每一个进入青春期的男孩都会有的成长体验。不要担心，稍微忍耐和等待一段时间，试着主动去亲近别人，扩大自己的生活圈子，多培养一些兴趣爱好，随着我们的不断成长，渐渐地就摆脱掉这种孤独的感觉了。

嫉妒困扰

就如上面提到的，青春期的男孩总喜欢与他人比较，比较过后，当发现别人比自己好时，常常会出现这样的情绪体验：羡慕→自卑→嫉妒。

有的男孩在羡慕的同时会奋力追赶，这是有上进心的表现；但有的男孩也会产生羞愧、消沉的心理，这是自卑；再严重点，有的男孩产生怨恨，或怀有敌意，这就是嫉妒了。

嫉妒是一种强烈的想得到别人所拥有的东西的欲望：别人的头发，别人的衣服，别人的能力，别人的智慧，别人的父母……真希望一觉醒来，这些梦寐以求的东西就属于自己了。

有这些想法的人也无须自责，因为这种烦恼几乎折磨着每一个进入青春期的男孩。导致我们产生这种烦恼主要有两点原因：一是对自己的认识不足，二是过于以自我为中心。

不管我们属于哪种情况，我们都要努力拔掉嫉妒这根刺，不要让它轻易就刺伤我们美丽的青春！摆脱嫉妒，我们就是快乐的男孩！

青春是美好的，也是躁动的；青春期有快乐，也有烦恼；我们成长在这个季节，也成熟在这个季节！请用自己的信心与智慧，用自己的努力与坚强，摆脱青春期烦恼，收获快乐的青春吧，因为我们是快乐的阳光男孩。

心灵咖啡：你的心理适应能力怎么样

什么是心理适应能力呢？它是指一个人在心理上适应周围环境的能力，这与人的智力有关，同时也是我们个性特征的综合反映。

作为男孩，我们平时一定要注意锻炼自己的心理适应能力，这样才能在遭遇突如其来的打击和挫折时，从容应对。

那么，你是否已具备了较强的心理素质呢？做一做下面的测试吧！

1. 假如把每次考试的试卷拿到一个安安静静、无人监考的房间去做，我的成绩一定会好一些。

  A. 很对。 B. 对。 C. 无所谓。

  D. 不对。 E. 很不对。

2. 夜间走路，我能比别人看得更清楚。

  A. 是。 B. 好像是。 C. 不知道。

  D. 好像不是。 E. 不是。

3. 每次离开家到一个新的地方，我总爱闹点毛病，如失眠、拉肚子、皮肤过敏等。

  A. 完全对。 B. 有些对。 C. 不知道。

  D. 不太对。 E. 不对。

4. 我在运动会上取得的成绩比上体育课或平时练习成绩好些。

  A. 是。 B. 似乎是。 C. 不知道。

  D. 似乎不是。 E. 正相反。

5. 我每次明明已把课文背得滚瓜烂熟了，可是在课堂上背的时候，总要出点差错。

  A. 经常如此。 B. 有时如此。 C. 不知道。

  D. 很少这样。 E. 没有。

6. 开班会轮到我发言时，我似乎比别人更镇定，发言也很自然。

  A. 对。 B. 有些对。 C. 不知道。

  D. 不太对。 E. 正相反。

7. 我在冬天比别人更怕冷，在夏天比别人更怕热。

  A. 是。 B. 好像是。 C. 不知道。

  D. 好像不是。 E. 不是。

8. 在嘈杂、混乱的环境里，我仍能集中精力学习、工作，效率并不会大幅度降低。

  A. 对。 B. 基本对。 C. 不知道。

  D. 有些不对。 E. 正相反。

9. 每次检查身体，医生都说我"心跳过快"，其实我平时脉搏很正常。

  A. 是。 B. 有时是。 C. 时有时无。

  D. 很少有。 E. 根本不是。

10. 如果需要的话，我可以熬上个通宵，精力充沛地学习或工作。

A. 完全同意。　　B. 有些同意。　　C. 无所谓。

D. 略不同意。　　E. 不同意。

11. 父母或兄弟姐妹的朋友来家玩时，我尽量回避他们。

A. 是。　　　　　B. 有时是。　　　C. 时有时无。

D. 很少有。　　　E. 完全不是。

12. 出门在外，虽然吃饭、睡觉、环境等变化很大，可是我很快就能习惯。

A. 是。　　　　　B. 有时是。　　　C. 是与否之间。

D. 很少有。　　　E. 完全不是。

13. 参加各种比赛时，赛场上越热烈，大家越加油，我的成绩反而越上不去。

A. 是。　　　　　B. 有时是。　　　C. 是与否之间。

D. 很少有。　　　E. 不是。

14. 上课回答问题或开会发言时，我能镇定自若地把事先想好的一切都完整地说出来。

A. 对。　　　　　B. 基本对。　　　C. 对与不对之间。

D. 有些不对。　　E. 不对。

15. 我觉得一个人做事比和家人一起干效率高些，所以我愿意一个人做事。

A. 是。　　　　　B. 好像是。　　　C. 是与否之间。

D. 好像不是。　　E. 不是。

16. 为了求得和睦相处，我时常放弃自己的意见，附和大家。

A. 是。　　　　　B. 有时是。　　　C. 是与否之间。

D. 很少。　　　　E. 不是。

17. 当着众人和生人的面，我感到窘迫。

A. 是。　　　　　B. 有时是。　　　C. 是与否之间。

D. 很少。　　　　E. 不是。

18. 无论情况多么紧急，我都能注意到该注意的细节，不会丢三落四。

A. 对。　　　　　B. 基本对。　　　C. 对与不对之间。

D. 有些不对。　　E. 不对。

19. 和别人争吵时，我常常哑口无言，事后才想起该怎样反驳对方，可是已经晚了。

A. 是。　　　　　B. 有时是。　　　C. 是与否之间。

D. 很少。　　　　E. 不是。

20. 我每次考试的成绩，都比平时的成绩好些。

A. 是。　　　　　B. 有时是。　　　C. 是与否之间。

D. 很少。　　　　E. 不是。

计分方法

单序号题：A计1分，B计2分，C计3分，D计4分，E计5分。

双序号题：A计5分，B计4分，C计3分，D计2分，E计1分。

【总分】　　分

得分解析

统计你的分数，分数越高说明你的适应性越强。

81~100分：适应性很强

你的心理适应能力真的很强，你能很快地适应新的学习、生活环境，与人交往轻松、大方，给人的印象极好。无论处于什么样的环境，你都能应对自如，左右逢源。

61～80分：适应性较强

你的心理适应能力也很强，一般情况下都能很快地适应新的环境，也能与人很好地交往。不过，在一些特殊情况下你需要再镇定一些！

41～60分：适应性一般

你的心理适应能力一般，当进入一个新的环境时，你需要经过一段时间的努力，才能基本上适应。你在这方面还有待加强。

21～40分：适应性较差

你的心理适应能力较差，依赖于较好的学习、生活环境，一旦遇到困难就容易怨天尤人，甚至消沉下去。这样可不行，你要多向那些心理素质好的人学习，进一步加强锻炼。

0～20分：适应性很差

你的心理适应能力太差了，一旦进入一个新的环境，即使经过相当长时间的努力，也不一定能够适应。你常常困惑不已，你因为与周围的事物格格不入而十分苦恼。在与他人的交往中，你总是显得很拘谨、羞怯，甚至手足无措。你需要注意一下自己的处世之道了，不要太以自我为中心了。

幸福人生：快乐男孩的健康心态

在我们每个男孩的心里，似乎都有着这样的一个梦想，那就是像林志颖一样青春常驻。被称为"亚洲小旋风"的林志颖，如今已经40多岁"高龄"了，但看上去依然那么阳光，那么年轻。很多人都会小小地感慨一下：他怎么就没变老呢？

让我们听听林志颖是怎么说的吧！他说："其实我觉得自己也没有太特

殊的秘方，就像我演过的戏里的人物，比如小鱼儿、段誉那样，轻松地去面对人、事、物就可以，不要给自己太大的压力，永远保持一个健康的心态就够了。"

现在你知道了吗？要想成为一个真正的阳光少年，一定要有一个健康的心态。然而，很多青春期的男孩却往往忽略了自己的心理健康。

为什么这么说呢？很简单，青春期的种种烦恼不就证明了这一点吗？那么，什么样的心态才是健康的心态呢？怎样评判的呢？很简单，健康的心理主要表现在以下几个方面：

充满希望

一个心理健康的男孩，一定是有理想、有追求的。他对昨天发生的事没有遗憾，也满意今天所做的事，同时又对明天充满希望与期待。有了这样的感觉与态度，怎能不快乐、不阳光呢？

情绪稳定

一个心理健康的男孩一定是一个情绪稳定乐观的男孩。他对任何事物都保持着积极进取的精神；即使遇到不幸的事情，虽然也会难过，但更会勇敢地接受现实，很快地重新适应，而不是长期沉陷于忧愁苦闷之中。

心理健康的男孩懂得享受自己的青春，不管做什么，在哪里生活，都觉得是一种享受与乐趣，同时也能以认真、慎重的态度对待自己的生活和学习。

心理健康的男孩，还善于适度地表达和控制自己的情绪。心情不好的时候懂得释放，但发泄的时候不会太过分。如果你经常愁眉苦脸，灰心绝望，或者喜怒无常，那就要注意了，你可能遇到心理问题了。

个性和谐

心理健康的男孩在言行举止、想法、爱好等方面应该符合青春期男孩应该有的性格和特点。

例如，对生活充满热情，有很多的兴趣爱好，懂得自尊自爱，懂得尊重他人；说话办事的时候专心致志，有条不紊。如果一个人说话或想问题总钻牛角尖，甚至时常前后矛盾，这样的心理就不够健康了。青春期的男孩应该是精力旺盛、活跃好动的，如果你总是一副少年老成的样子，这也是不健康的。

当然，对于某些事物的反应也会看出我们的心理是否健康。例如考试失败因此一时不悦，是正常的现象；但如果为此而吃不下睡不着，甚至念念不忘，那就是不健康的心理了。当然，对考试失败无动于衷，也是心理不健康的表现。

善于交际

心理健康的男孩往往具有良好的人际关系，他们珍视亲情，善于结交知心朋友，能与朋友沟通心灵，友好地相处；面对矛盾和分歧时，也能正确对待，妥善地处理；而且很乐于帮助别人。反之，性情孤僻、总是独来独往的男孩，心理状态就有点不健康了。

如果你的身上具有上面这些特点，那么你就是一个心理十分健康的阳光男孩了！

当然，我们除了要按照上面的标准去做之外，还要学习一些心理养生之道，这样才能让我们的心里充满阳光。接下来，就让我们一起学一学心理养生的小秘诀吧！

乐观

乐观是一种积极向上的性格和心境。它可以激发我们的活力和潜力，帮助我们解决问题，战胜困难。做一个乐观的男孩，就不会被忧郁愁闷打扰，不会因为一时的挫折而心灰意冷，不会因为别人的言行而自卑。拥有一个乐观的心态，我们的生活就会灿烂，心里就会充满阳光！

宽容

我们在人际交往中,免不了发生一些被误解、受委屈的事。面对这些,你就要学会宽容。宽容不仅包含理解和原谅,更显示了你的气度和胸襟。

懂得宽容,心里就会释然,就不会轻易生气。宽容、谅解别人,自己的心灵也得到平静,就能远离痛苦、愤怒和伤害。学会了宽容,心中就会少许多烦恼,多一些平和。

善良

善良的男孩,会以他人之乐为乐,会因为帮助了别人而快乐不已。有一颗善良的心的人,与人交往时,就会与别人友好相处,乐于对人敞开心扉,心中常常感到很愉悦、很轻松。心地善良的男孩,总保持自己心底那份泰然自若的状态。

淡泊

什么是淡泊呢?它是一种崇高的境界和心态,淡泊其实就是知足常乐。如果我们有了淡泊的心态,就不会患得患失,陷入苦涩、忧虑的阴影中不能自拔。

淡泊的男孩,始终处于平和的状态,眼中虽然也有羡慕,但绝对没有怨恨,没有嫉妒。淡泊的男孩失败时不会灰心丧气,也不会牢骚满腹;在成功面前不会骄傲自满,也不会得意忘形。

感恩

什么是感恩?感恩就是对我们所面对的一切都怀着感激的心。我们如果有了感恩的心,在学习与生活中,就会变得平和、快乐起来。

现在,将歌手龙井的一首《感谢》送给大家。

首先,

感谢我的父母他们对我的关爱,

每分每一秒对我包容的心态。
感谢他们对我无微不至的培养，
让快乐与温馨陪伴我的成长。
我感谢我的老师对我的教导，
感谢他们教我人生怎样去起跑。
感谢他们传授的知识与文化，
让我能在社会中生根与发芽。
我感谢我的朋友他们对我的帮助，
感谢他们在我痛苦时贴心的关注。
感谢他们永远会站在我的身边，
用友谊撑起那共同的明天。
我感谢我的她对我付出的爱，
感谢她对我的照顾每晚的饭菜。
……

要感谢那些欲望让我认知欢乐与痛苦，
要感谢那些挫折让我明白做事需要态度，
要感谢那些压力让我精力充沛有的忙碌。
要感谢那些恐惧让我学会了面对危险，
要感谢那些胆小让我明白凡事都有深浅。
……

　　学会感恩吧！当你以感恩的心态面对一切，你就会成为一个更有亲和力的人，成为一个有着独特魅力的人。你就会发现，人生真的很精彩。

心理漫画：你的精神状况怎么样

大家知道吗？据调查，在我国13亿人口中患有各种精神障碍和心理障碍的患者达1600多万。而在我们1.5亿的青少年中，有3000万的同龄人受着情绪和压力的困扰。这是一个多么惊人的数字啊！由此也可以看出，精神作为我们人体的支柱是多么重要。的确，随着现代生活节奏的加快，学习压力的增大，我们在精神方面的压力愈来愈大。如果我们不能让自己有个良好的精神状态，就可能不堪重负，落于后人。

所以，我们一定要学会平衡自己的心理。要做到这一点，首先就要了解自己的精神状况。然而，很多男孩并不知道自己的精神状况如何。为此，我们专门设计了一套测试题，请你逐一回答，回答完了，你就能对自己的精神状态有所了解了。

1. 你做事是否有条理？
A. 每晚都准备好明天上学要带的东西。
B. 家中所有的物品放得井井有条，需要时即可随手取用。
C. 每天晚上要花很多时间找东西。
2. 你决意做某件事时，会如何做？
A. 耐心地去做，凡是自己能做的，绝不拖拉。
B. 遇到困难时，不勉强自己，但有时也会从头做起。
C. 拖拉、得过且过，常有"明天去做"的想法。
3. 当你失望时，反应如何？

A. 能控制自己的感情，冷静思考下一步怎么办，并立即行动起来。

B. 想起有些激动，但还能控制住自己，努力使自己不去想那不愉快的事。

C. 麻木不仁，或反应异常激烈，惊慌失措。

4. 你与家人、邻居、同学或其他人相处得如何？

A. 互相尊重，相处和睦。

B. 与家人还可以，与其他人还说不上好坏。

C. 对周围人疑虑重重，甚至有些恐惧。

5. 你怎样度过业余时间和假日？

A. 事先就有自己的安排，或看电影，或上公园，或逛商店，或外出旅游等。

B. 根据即兴的想法度过业余的时间。

C. 业余时间大部分用来休息，很少外出，也不想玩。

6. 你的睡眠是否正常？

A. 睡眠时间充裕，醒来后感觉很舒服。

B. 睡得不深，易醒。

C. 有顽固的失眠症，常做噩梦。

7. 你是怎样对待学习的？

A. 很有意义，学习愉快。

B. 习以为常，没什么看法。

C. 是一种负担，毫无兴趣。

8. 你生病时，是否去找医生看病？

A. 立即去医院看病。

B. 实在难受才去。

C. 自己找些药服用。

9. 你的记忆力如何？

A. 同以往一样，不觉得有什么不正常。

B. 忘记最近发生的事情。

C. 忘记过去的事情。

计分方法

A计1分，B计2分，C计3分。

【总分】　　　分

得分解析

9～15分：精神状况较佳

你的精神状况很不错。你性格坚强，你的理解力、学习与适应能力、情感方面状况都很好。你很善于调节自己的心理，情绪相当稳定。继续保持这种状态吧！

16～25分：精神状况一般

你的精神状况一般，甚至正在退步。你对各种生活环境的适应能力也正在减退。不过，如果你从现在起，有意识地加以改善，你一定会收获更多的快乐。

26分以上：精神状况欠佳

你目前的精神状况可以说很糟糕。你有些低落。是不是你的学业正遭受挫折？你是不是出现情感问题了？还是你身体不舒服？不管怎样，你不能再这样消沉下去了。给你一个建议吧，赶快站起来去外面走走，跑跑步或者酣畅淋漓地打一场球吧！这样过后，你会感觉自己轻松了很多。如果你还是觉得很消沉，那就去找专科医生瞧一瞧吧！

心海扬帆：每棵小草都能随风起舞

在我们身上，有一个很坏的习惯，你知道是什么吗？假设你考试不及格，你会怎么想呢？你是认为自己仅仅是发挥不好，还是会因此就认为自己是一个没有用的人呢？如果是后者，那么，你的身上就有这种坏习惯。它就是否定自己。

爱否定自己的人会犯一个严重的错误，那就是只看到自己的缺点，而忘记了自己的优点。看看下面的故事，你就明白了。

在一个很大很漂亮的花园里，有高大的橡树，有四季长青的松树，有曲折攀附于架子上的葡萄藤，还有艳丽的桃树、温雅的牵牛花、清香四溢的茉莉花……

然而，有一天，人们却发现昔日美丽的花园里除了小小的忘忧草，其他的花草树木全都枯死了，园中一片荒凉。

这是怎么回事呢？原来橡树觉得自己没有松树高大挺拔，就轻生厌世死了；松树因为自己不能像葡萄那样结出甜美的果实，也自惭死了；葡萄藤因羞愧自己终日匍匐在架子上，不能直立，也不像桃树那样能开出艳丽的花朵，也自卑地死了；牵牛花叹息自己没有茉莉花那样的芬芳，最终郁闷而亡……

所有的植物都觉得自己缺陷太多，比不了别人而无精打采，抑郁而终。满园的风光中，只剩下那些细小的忘忧草，独自欣赏着自己，随着风轻轻起舞，茂盛地生长着。

一株小小的忘忧草，即使没有人注意，即使没有人欣赏，它也会自己欣赏自己！即使没有高大挺拔的枝叶，即使不能开出艳丽的花朵，不能结出甜美的果实……它依然快乐地成长。

一个男孩如果能像忘忧草一样，懂得自我欣赏，懂得肯定自己，这样才是真正的阳光男孩。但是真正地自我欣赏、自我肯定不是自恋、冷傲，而是由内而外的自信心的散发。

我们肯定自己、欣赏自己也是修炼出来的。修炼的第一步就是勇敢地承认和接受自己，正确地评价自己。是的，你有缺点，可是谁没有呢？即使是伟大的人物，也有缺点！

对于我们来说，现在最重要的不是寻找缺点，而是要看到我们自己的闪光点。你不妨将自己的兴趣、爱好、能力和特长等全部列出来，哪怕是很细微的东西也不要忽略。你会发现，自己有这么多的优点！原来自己也很优秀，那为什么还要自卑呢？

肯定自己就是要大声喊出"我能行"，将那些"我胆小""我不行"等消极的字眼从你的字典里踢出去，自信地告诉自己："我胆子越来越大。"

记住，世界上没有完美的人，断臂的维纳斯也倍加美丽。相信自己，就是要喊出"我真棒"，这是我们肯定自己后的进一步表现，能带给我们更强大的动力。我们要想走向成功的舞台，就得发现自己身上的闪光点，然后把它展现出去。你会更快乐更自信。

如果你还是忍不住去否定自己，没关系，你可以强迫自己转移注意力，做一些自己感兴趣的事情，或者去做一件自己认为很有价值的事情，慢慢地，你就能从中得到力量，找回自信了。

不过，我们说肯定自己，并不是掩盖自己的不足。而要在发现自己有不足之处的时候，能勇敢改正，这份虚心还是不能少的哦！

肯定自己就要取长补短，在取得成绩后，仍然保持清醒的头脑，这样才不会迷失方向。在正视自己成绩的同时，发现自己的不足，能让我们取得更大的进步。

养成自我肯定的习惯吧！就像一个男孩的呐喊："做别人，做得再好也不过是'某人第二'；做自己，却永远是自己的第一。"有这样的心态，慢慢地，你就能变得越来越有自信，变得越来越快乐、越来越阳光！

痛并快乐：不经历风雨怎能见彩虹

很多人都看过《千手观音》的舞蹈，这是一个感动了全世界的舞蹈。谁能想到它被21位平均年龄为21岁的聋哑演员演绎得如此美轮美奂。

这21位生活在无声世界的人，她们享受不到这世上一切美妙的声音。面对上天这个不公平的安排，她们顽强地接受了，用自己的方式快乐地生活着。我们佩服她们拨开乌云见阳光的决心，感动于她们鼓起勇气重新面对生活的乐观，震撼于她们在成长途中的坚强不屈！

再来看一看我们这些健康的少男少女，是怎么做的？

2008年9月，上海中小学刚开学两天，就有4个学生选择了跳楼自杀。2009年2月，新学期开学当天，一个五年级女生从学校六楼走廊坠落身亡。第二天一位16岁男孩跳楼重伤，幸无生命危险。

2011年4月，安徽省某中学一位九年级学生跳楼身亡。同年5月，该校又有一位八年级男生在校内二楼厕所服下农药，意欲自杀，幸亏抢救及时，才脱离生命危险。与此同时，成都某中学相继有两名男生跳楼结束了自己的生命。

一个个鲜活的生命就这样飘零了，青春，本是我们生命中最绚丽的时刻，然而却有人在最绚丽时选择了结束生命。这一切都是为什么呢？看到这些你想到的又是什么呢？我们青春期的少年，本该是活泼向上，积极准备为自己的人生打拼的时候，然而是什么让我们变成了"易碎的玻璃人"呢？

这个话题太沉重了，可是，即使我们不愿意承认，事实依然摆在眼前。这个问题，其实就是我们下面要说的挫折。这是我们在成长的路上必须要经历的。

那么，什么是挫折呢？挫折是指种种愿望得不到满足，或者个人目标无法实现时所带来的失望、压抑、沮丧、忧郁、苦闷等情绪。

对于我们进入青春期的少年来说，导致我们产生挫折心理的原因有很多：一些是社会性因素，一些是无妄之灾，这两个因素不是我们可以控制的，但我们可以选择勇敢地面对；而更多的则是源于我们自身。当外界条件无法满足我们的需求时，当我们的自尊心受到伤害时……挫折感就产生了。

面对挫折，有些人会手足无措，心情沮丧，甚至自暴自弃。还有些人常常表现出强烈的攻击行为，甚至为一些鸡毛蒜皮的小事而大打出手，有的甚至以自杀来逃避问题。

但这些绝不是一个阳光少年应该出现的行为，我们要明白，我们的生命不只属于自己，还属于我们的父母亲人，属于这个社会。所以，遇到挫折时，要想办法化解它，要从挫折中奋起。青春的花季里并不是只有风和日丽，有时也有电闪雷鸣。

我们要如何化解呢？说起挫折，那些表演《千手观音》的聋哑演员并不比我们经历得少，甚至更多，为什么她们能坚强地面对呢？其实，我们一样也可以的。不就是在生活中"碰钉子"了吗？拔掉它，重新接受挑战就好了！我们男孩从来不缺的就是勇气。你是不是认为说起来容易，做起来难。其实，只要你有决心，做起来也很容易。

首先，我们男孩要正视挫折，就算是考试失败了，就算学习压力很大，就算是挨批评了，就算是情感出问题了，就算我们遭遇了很多的不幸，这些算得了什么呢？只要我们还有斗志，就能找到解决问题的方法。

其次，要学会倾诉。挫折产生后，谁都会感到紧张、烦闷，行为也不免有些失常。这个时候，不要把眼泪往肚子里吞，不妨尝试着敞开心扉说出自己内心的不快。也许我们眼里这些解不开的千千结，别人的一句话就能点破了。你会发现，原来事情并没有那么糟糕。

我们的父母、我们的师长都是很好的倾诉对象，因为他们都是过来人。本来嘛，就算我们已经进入青春期了，可我们还只是半大小子，大人们是有责任替我们解决问题的。如果你不去跟他们说，他们哪知道呢？

"快乐与人分享，就会加倍快乐；痛苦有人分担，就只剩下一半痛苦。"与自己伙伴谈谈心，寻找帮助也是个不错的主意，你会发现像你这样不痛快的人还真不少。那么，互相击掌好好鼓励一番吧！如果你还是无法走出挫折的阴影，还可以去求助心理医生，他们可都是很善解人意的哦！

我们还可以转移自己的视线，找个没人的地方大哭一场，或者干脆把这些所谓的失败、挫折通通抛到脑后，与伙伴们相约，一起出去打场球吧！或者到户外去感受一下大自然的风光，看看那些在恶劣的环境依然顽强生长的花花草草，你的心也必定会被感染的。

更重要的是，我们要有意识地锻炼自己的抗挫折能力，我们可以做一件自认为做不到的事，然后努力地做成功。我们还可以结伴去登山、去远足，自己解决途中遇到的各种问题。

慢慢地，随着我们年龄的增长，个性的不断成熟，我们的抗挫折能力也会渐渐增强。到那时，你会发现，青春期的挫折根本就不算挫折！

其实，对于我们每一个男孩来说，青春就是一场成长的蜕变，只有蜕掉一层皮，褪掉软弱和肤浅，才能让自己坚强起来。这个过程怎么能不疼？只有那些能够抗得住青春的风风雨雨，能化解生活中的困惑和迷茫的男孩，才是真正的阳光男孩！

成长考验：你的抗挫折能力有多强

人生不是童话故事，困难、挫折、失败是我们每一个青春期的男孩在成长过程中无法避免的。遇到挫折怎么办？有的男孩能扛得住压力，跌倒了爬起来重新出发，而有的男孩却从此变得一蹶不振。

那么，你呢？在挫折面前，你能应对自如吗？让我们测试一下吧！回答完这些问题，你就知道自己的抗挫折能力怎么样了。

	同意	不同意
1. 我基本是个幸运儿。	☐	☐
2. 我喜欢雨天，因为雨后常阳光普照。	☐	☐
3. 汽车经过时溅了我一身泥水，我生气一会儿便算了。	☐	☐
4. 只要继续努力，就会得到应有的报偿。	☐	☐

5. 失败并不可耻。　□　□

6. 我是有自信心的人。　□　□

7. 落在最后，常叫人提不起竞争心。　□　□

8. 我喜欢冒险。　□　□

9. 每一次否定都使人更加接近肯定。　□　□

10. 我觉得要建立新的人际关系相当容易。　□　□

11. 即使聘任职务会失败，我也愿意尝试。　□　□

12. 我很少为昨天发生的事情烦心。　□　□

13. 我不易心灰意冷。　□　□

14. 任何一件事遭到否决，我都会寻找报复的机会。　□　□

15. 胜利就是一切。　□　□

16. 白天工作不顺利，会影响我整晚的心情。　□　□

17. 一个连续两年都名列最后的球队，应退出比赛。　□　□

18. 如果某人擅自动用我的东西，我会气上一段时间。　□　□

19. 只要有感冒流行，我就第一个被感染。　□　□

20. 如果不是因几次霉运，我一定比现在更有成就。　□　□

21. 假期过后，我需要放松一天才能恢复常态。　□　□

22. 我想我一定受不了被人当众批评。　□　□

23. 如果遇到困难向我要好的朋友求救被拒绝，我一定会精神崩溃。　□　□

24. 我总不忘过去的错误。　□　□

25. 我的生活中，常有令人沮丧气馁的日子。　□　□

26. 期末考试成绩很惨的光景叫我寒心。　□　□

27. 如果周末不愉快，星期一我便很难集中精力学习。　□　□

28. 在我的生命中，已有过失败的教训。　□　□
29. 我对侮辱很在意。　□　□
30. 丢了钥匙会让我整个星期都不安。　□　□
31. 我已达到能够不介意大多数事情的地步。　□　□
32. 一想到可能无法完成某项重要的事情，我就不寒而栗。　□　□
33. 必须要有50%的把握，我才敢冒险把时间投资在某件事上。　□　□
34. 命运对我不公平。　□　□
35. 我对他人的怨恨会持续很久。　□　□
36. 聪明的人知道什么时候该放弃。　□　□
37. 偶尔做个失败者，我也能坦然接受。　□　□
38. 新闻中的大灾难，使我无法专心学习。　□　□

计分方法

1~14题，选择"同意"计1分，"不同意"计0分；15~38题，选择"不同意"计1分，"同意"计0分。

【总分】　　分

得分解析

得分越高，说明你的抗挫折能力越强。记住，一定要坦白回答，这样测试的结果才更准确！

25分以上：抗挫折能力较强

你应对逆境的能力很强。不理想的境遇对你虽然会造成伤害，但不会持久。你在感情上通常相当成熟，对生活充满热爱。你不会轻易被打倒，纵使一时失败，你也坚信有东山再起的一天。

11~25分：抗挫折能力一般

你遇到灾祸或逆境的时候，往往需要相当长的时间才能振作起来。不过你通常能找到很多的技巧和策略来达成个人的目标。

10分以下：抗挫折能力较差

你很容易被逆境、失望和挫折所左右，你把逆境看得太严重了，一旦跌倒，就要很久才能站起来。你不相信"胜利在望"，只承认"见风使舵"。坚强点吧，记住："你不勇敢，没人替你坚强。"

心田日出：让心情在阳光下舞蹈

你会唱这样一首歌吗？唱完之后，你会感觉心里快乐了很多，还会有小小的感慨，这是我们少男少女的心声。感慨完了，你还会再大声重唱一遍。说了这么多，你猜到是哪首歌了吗？没错，就是《蓝天白云跟我来》，现在，让我们再一起重温一遍如何？

不要不要不要夸奖我们很乖，
不要不要不要批评我们很坏。
路边小树长得长得多快，
我们不是昨天那个小孩。

天空小鸟飞呀飞得自由自在，
水里小鱼游呀游得摇摇摆摆。

天地天地本来并不狭窄，
走出一步你就明白。

喔喔喔……
自行车快飞起来，
蓝天白云跟我来。
花裙子快飘起来，
大家一起到郊外。

自行车快飞起来，
一切烦恼都抛开。
花裙子快飘起来，
今天时间我主宰。
喔喔喔！
……

现在的我们，也许学习很紧张，心里的压力也许很大，也许心情还有点不好；别烦恼了，赶快来学习一点小秘诀，这样就可以给自己的心灵减减压！

不要故意加压

由于有强烈自尊心，很多男孩常常给自己定很高目标，觉得这样学习才会更有动力，特别是达到目标后，心里便会有一种惬意的满足感。

这的确是有一定的道理的。但是，我们并不是每次都能有好运气的，压力多了会压得自己喘不过气来，久而久之就会祸及自己的身心健康。所以，还是少给自己一点压力吧，我们学习任务本来就已经很重了，你还想再背上一些的大石头吗？

勇敢做自己

生命是父母给的，环境是上天注定的，而人生却是我们自己的，精彩与否、成功与否都要靠我们自己去创造，自己的人生要由我们自己来负责。

每个男孩都有每个男孩的活法，你走你的阳光道，我过我的立交桥，你有你的精彩，我有我的自豪。立足点不一样，闪光点当然也不一样。我们要敢于以自己独特的方式适应环境，做想做的自己。不要活在别人的标准里，也不要为别人的看法而去改变自己，走自己的路，让别人去说吧！

知足常乐

虽然说人不能缺乏进取心和奋斗精神，但是一味地追名逐利反而会得不偿失。只要努力过，并且通过努力进步了，收获了，就不要对自己太苛求了。知足才能常乐！

成长幸福

有一个词叫"痛快"，意思就是痛并快乐着。青春期里的男孩，都会产生这种痛并快乐着的感受。不要将成长带来的烦恼当烦恼，它是人生给我们的特殊礼物，不珍惜，它就会丢失。

很受青春期少男少女喜欢影响的青年作家饶雪漫说过："我们终归要长大，带着一种无怨的心情悄悄地长大。归根到底，成长是一种幸福。"

所以，学会努力体验这份独特的幸福，并想办法去享受它吧！感到孤独的时候，就让自己孤独一段时间好了，孤独够了，再投入新的活动中。难过的时候，就让自己难过一会儿吧，哭一场，哭够了，就忘掉吧！站起来拍拍身上的土，继续向前走。

适度宣泄

有这样一句话:"人生不如意时,你懂得排遣就好。"所以,心情不好的时候,就宣泄出来吧!男孩也有宣泄情绪的权利,总是闷在心里,反而更难过。

就如水库里的水,如果水位超过了警戒线,就要采取泄洪措施,以减轻水库的压力。如果不及时泄洪,有更多的水流入时,水库就会崩溃。我们的心理也一样,如果装了过多的不良情绪,不去调节,就会造成人心理防线的崩溃。

所以,我们要学会宣泄。至于宣泄的方法,那就有很多了。比如运动、跑步、打球、游泳等,在我们挥洒汗水的同时,也会驱走我们的不良情绪,何乐而不为呢?

我们还可以读书、听音乐、看电影、看电视等,这些都可以让我们在潜移默化中逐渐变得心胸开阔,气量豁达,压力与孤独感自然就消失无踪了。

我们还可以去看看大自然。心理学家告诉我们,当精神紧张的时候,看看悠然自得的金鱼,感觉一下微风的吹拂和阳光的温暖,人往往会无意识地进入"宠辱皆忘"的境界,心中的压力与不快就会大大减轻!

当然,我们还可以找朋友倾诉。如果你不想把自己的秘密告诉别人,那就把自己的烦恼一一写下来,然后狠狠地撕碎丢进垃圾桶;或者,对着镜子里的自己诉说,就像丢垃圾一样把坏情绪统统丢掉吧!

要不,就找一个合适的地方大吼几声,或者大声唱歌,你会发现,自己的心情马上就舒畅了。再不然就来份美食,大吃一顿,然后美美地睡一觉,醒来后,你会发现阳光很明媚。

我们还可以穿上自己喜欢的衣服,带着宠物狗玩一会儿,抬头看看蓝天，出去晒晒太阳，看看以前的相册，洗个温水澡，收拾一下房间，甚至长吁短叹一番……这些方法都可以让我们变得轻松快乐。

不过，我们要知道的是，"宣泄"并不是纵情发泄，不是"想怎么说就怎么说，想怎么做就怎么做"的发泄。诸如吸烟、喝酒、打架、摔东西等行为不是发泄，而是自找麻烦。

晒客部落：你是一个乐观的男孩吗

乐观、活力十足的男孩看上去总是最阳光的。这样的男孩往往也是最受大家欢迎的。

你是一个乐观的人吗？你想知道自己是个乐观主义者，还是个悲观主义者吗？那么，快行动起来，给自己打个分吧！

1. 你对自己平时的着装打扮抱着什么样的态度？

   A. 很在意，即便迟到也要修饰一番。

   B. 顺其自然，乐意展示真实的自我。

2. 对于一个新计划，你：

   A. 不置可否。

   B. 对计划的实施满怀希望。

3. 出门的时候，你经常担心忘记带钥匙吗？

   A. 是，出了门后总是常摸口袋看钥匙在不在。

   B. 没有，只一心做眼下的事。

4. 你准备睡觉的时候有人敲门，你：

   A. 感到不安，心想不会有好事。

B. 起来开门，看是怎么一回事。

5. 你有零用钱的时候，通常怎么做？

A. 该花就花。

B. 存起来。

6. 放假后，你最希望做的事是：

A. 去旅游。

B. 待在家里，看书。

7. 你跟人打赌输了，你：

A. 心里很不好受，一个劲地想赢。

B. 很镇静，心想有得必有失。

8. 你觉得周围人的许多行为：

A. 不可理喻。

B. 大多是友好、善意的。

9. 跟同学玩的时候，你：

A. 很投入，很尽兴。

B. 心里总想着作业还没有完成。

10. 当朋友或同学向你借钱时，而你身上刚好有钱，你：

A. 犹豫，怕他不还。

B. 爽快地借给他。

11. 你在手头紧张时会想到在路上捡到一大笔钱吗？

A. 一个劲地想。

B. 不想。

12. 约好和同学去野餐或烤肉，可是那天下雨了，你：

A. 诅咒这鬼天气。

B. 心想即使不能烤肉也很浪漫。

13. 在一般情况下，你信任别人吗？

A. 不信。

B. 看人而定。

14. 如果要赶车，一般你会提前多长时间到达车站？

A. 一个小时以上。

B. 半个小时。

15. 如果医生叫你做一次身体检查，你会怀疑自己可能有病吗？

A. 会的，至少有些担心。

B. 立即去检查，尽量消除隐患。

16. 每天早晨起床时，你的心情是：

A. 沮丧的。

B. 对新的一天充满希望。

17. 收到出版社、报社的来函或包裹时，你的表现是：

A. 感到很平常，没什么了不起。

B. 欣喜溢于言表，很自豪。

18. 被人指定做一件不应该由你做的事，你怎么办？

A. 会去做，但心中不乐意。

B. 爽快地答应，即使很难也要努力去完成。

19. 你跟人约了时间见面，可是左等右等对方还不到，你的耐心能够持续多久？

A. 半个小时。

B. 一般一个小时以上。

20. 你的人生态度属于下面哪一种？

A. 世上一切皆可伤人。

B. 活着真好。

计分方法

在以上题目中，选A计0分，选B计1分。

【总分】　　分

得分解析

15～20分：乐观主义者

你是个标准的乐观主义者。你从不知道失望和困难是何物，即使偶然上当也不当回事儿。你总是能够自我调节情绪，什么事情都往好的方面想，但有的时候过分乐观，偶尔会误事。

8～14分：中庸主义者

你的性格在乐观与悲观之间，因而有比较沉稳的处世态度。但你还是不知道如何应对突然出现且无法避免的情况。因此你应该更乐观、更勇敢，如此你才能更快乐、更自信。

0～7分：悲观主义者

你是个标准的悲观主义者，对人生总是看到不好的那一面，以悲观的态度面对人生，有太多的不利。你对未来充满幻想，却随时会担心失败，因此不愿去尝试。尤其遇到困难时，你的悲观情绪会让你觉得人生灰暗无比，令人无法接受，因此陷入消沉情绪中无法自拔。沮丧、困惑、恐惧、气愤是你最经常的情绪表现。

改变这种状况的唯一办法，是以积极的态度来面对每一件事或每一个人，多参加一些派对，多接触性格活泼的人，多去一些欢乐、气氛热烈的场所，如球场、游乐园等，并且尝试多去帮助别人，逐渐体验到生活中的快乐和热情，进而增加对生活的信心。

第七章　酸涩青苹果

青春期是我们长大成人的开始,是由不成熟向成熟的过渡。这时,我们产生"爱"的意识是很自然的,我们不必忌讳说"爱",但在自己还无法把握这份感情时,请不要轻易开始。

情感迷雾：掀起青春期情感的盖头来

亲爱的男孩，在不知不觉中我们走进了青春期，这个时候，我们除了身体发生很大的变化，还有一个更大的变化，你发现了吗？那就是你的青春情感秘密。

其实，不管我们是男孩还是女孩，进入青春期后在心理方面最大的变化，就是开始认识到与异性之间的差别，对异性产生朦胧的好感与好奇，于是就出现了情感秘密，或者说是"性意识"。

青春期男孩的情感心理秘密往往表现在两个方面：一方面对性很好奇，另一方面又很恐惧。进入青春期的男孩，几乎都有这样的体验：

对自己男性器官的发育状况十分敏感，私下里还会与同伴进行比较。

看到美女就心跳加快，脸红，有时仅仅是对方一个小小的动作，都足以让自己产生许多联想，并伴随一种强烈的探求和尝试的欲望。这样的自己，是不是太花心了？

总觉得自己缺少男子汉气概，为了使自己更像男子汉，就故作深沉，行为粗鲁，甚至以会打架、会吸烟喝酒、敢于冒险等行为而自豪。

喜欢班上的某个女生，总想与她说话，每天都想着她，忘也忘不了。因为总是这样，学习成绩都下降了。

越想在某个女孩子面前做好，越做不好，还总脸红。

为自己突然"变坏"十分不安，越想制止关于性方面的想法，却反倒频频想起。

面对这些情感困惑，往往我们自己都说不清这种心理与行为上的变化究竟意味着什么，又不愿意与大人们交流。怎么办呢？

其实，遇到这种情况，不用担心，也无须自责，因为这是很正常的现象！每一个进入青春期的男孩或多或少在"性"方面都会出现这些问题，有各种想法，是不足为怪的。

其实，进入青春期后，我们对性的意识就从无到有，从朦胧到清晰；对性对象，由同性转为异性；对异性的兴趣，也由疏远到渴望，再到爱慕、初恋……这是每一个少男少女正常的发育过程，也是正常的心理反应。一般情况下，我们在青春期性意识的发展可分为三个时期：

异性疏远期

在青春发育之初，有一段较短的时期，我们总想远远避开异性，这方面女孩比男孩表现得更为明显！这主要与生理因素有关。

对于男孩来说，由于第二性征的出现，性意识的萌醒，促使我们对周围的事物敏感起来，特别是与女同学的交往，也从原来的"两小无猜"，变得不自然起来，甚至还带点儿神秘。

于是，我们开始本能地产生对异性的疏远，对女孩表现出不屑一顾或者不感兴趣的神情。接触异性时，还会感到很拘束，有点难为情。部分男孩甚至对异性很反感，认为异性之间的亲密是可耻的。这个时期的我们更重视同性伙伴之间的友谊。

异性吸引期

到了青春发育中期，我们就开始对异性特别是同龄异性有了好感，产生兴趣了，并希望有机会接触她们。说简单一些，就是这个时期的我们对异性就有了"来电"的感觉。

在整个吸引期，男孩对女孩的兴趣都很强烈，常常会抓住一切机会在女孩面前表现自己，比如在异性面前互相打闹，为买零食而争着付钱，或者为了一个话题与同伴辩论得面红耳赤。

我们主动帮助女孩、关心女孩。开始注意自己的举止，努力表现出异性所喜欢的气质和风度，同时，会尽量掩盖自己的"缺陷"。此时，男孩对女孩的兴趣，还表现为在背后对女孩评头论足，对容貌好的女孩加以赞誉，反之则会嘲笑讥讽。

这个时期，少男少女互相接近、互相吸引，我们注意每一个异性，又似乎觉得每一个异性也在注视着自己。这是一个自然的过程，也是一个水到渠成的过程。这说明，少男少女已经"情窦初开"了，这可是一件很美好的事情！

情感朦胧期

到了青春发育后期，我们显得比青春中期更为成熟了，开始把感情集中寄予自己钟情的一个异性身上，并且希望与之亲近。

此时的情感是一种比友情浓但又比爱情淡的一种朦胧的关系，常表现出蕴藏在内心深处的秘密的情感。男孩女孩之间大多通过互相的正常交往，从精神上寻找寄托，显示出情感的纯洁性。

不过，此时的情感多半是凭直觉，往往是被异性的容貌、外在气质所吸引。虽然此时我们的内心多了几分冷静和理智，但是与成年人对待异性交往上的理智和克制水平还是不能相比的，还很幼稚和单纯。

作家韩寒说："我不知道是否有一种奇怪的感情，它深到你想去结束它，或者冰封它。只因它出现在错误的时间里，于是你要去等待一个正确的时间重启它，而不是让错误的时间去消耗它。少则一天，多则一生。"

这个时期的我们，性心理其实尚不成熟，有的时候并不能控制自己的本能，一旦做出不理智的事，会让我们抱憾终生的。所以，建议不要轻易地去爱，真正谈情说爱应该在10年以后。

如果你已经悄悄地爱上了，那就理智地冷却自己，把那份美好的情感深深地珍藏在心底，不要去碰触它。下面我们一起来看一看一位老师写给他的学生的信，信是这样写的：

> 你们应该把爱深深地埋在心底，久久地珍藏起来，因为它现在还只是一颗种子，它需要和煦的阳光和洁净的空气，它更需要找到适合生长发芽的沃土，而你们还不具备这种阳光、空气和沃土。爱的种子还没有找到赖以生存的环境之前，是不能用生物激素来催其发芽的。
>
> 怎么办？有一个办法，那就是把它珍藏在心灵的保险柜中，而不要轻易开启，让爱的种子得到心灵的温暖和呵护，它也就不会感到寂寞了，相反，它会散发出一阵阵淡淡的温馨，使你时时闻到生活中茉莉花的芬芳。
>
> 情窦初开的你们应该学会珍惜这颗种子，保护好这颗种子，不要让这颗种子在爱的暴风雨中夭折。

看完这位老师真诚的话语，你是否有所启发呢？随着年龄的增长，也许还有更多的不解之谜需要我们自己去解开。在这美丽的青春期，也许我们还会遇到很多这样"朦胧的情感"。没关系，随时提醒自己，随时战胜自己，你就是一个对自己、对他人负责任的好男孩。

当你能够顺利地处理好这些青春期情感的时候，你就更加快乐、更加阳光。

青春解锁：你是否患有青春期综合征

近年来，"青春期综合征"成为困扰青春期少男少女的一个大问题。所谓青春期综合征，是指青春期少男少女所特有的一种心理现象，这个时期，我们因适应能力和心理防卫机制还不成熟，常会出现一些心理异常。

那么，你想知道自己是不是正被这些问题所困扰，那就赶快做一做下面这个测试吧，做完了，你就可以知道自己是否患有青春期综合征了。

1. 记忆力、思维力、回忆再现能力下降，注意力涣散，上课听不进老师讲的，思维迟钝。

  A. 经常有。   B. 偶尔有。   C. 没有。

2. 白天精神萎靡，上课易打瞌睡、打哈欠，大脑昏沉。

  A. 经常有。   B. 偶尔有。   C. 没有。

3. 夜晚大脑兴奋，浮想联翩，难以入眠，乱梦纷纷，醒后大脑特别疲惫，提不起精神。

  A. 经常有。   B. 偶尔有。   C. 没有。

4. 头昏脑涨，眼窝黯黑，视力疲劳，心悸气短，腰酸腿疼，疲乏无力，无精打采，消化不良，体力下降。

  A. 经常有。 B. 偶尔有。 C. 没有。

5. 心慌、胸闷、呼吸不畅，抵抗力下降，眼花，手足发凉，多汗、便秘、消瘦，脸色燥红或苍白。

  A. 经常有。 B. 偶尔有。 C. 没有。

6. 性冲动频繁，极易性幻想，形成不良性习惯，过度手淫难以克服。

  A. 经常有。 B. 偶尔有。 C. 没有。

7. 不良性习惯日久导致性功能由兴奋亢进转为疲劳抑制，性功能减退，频繁遗精。

  A. 经常有。 B. 偶尔有。 C. 没有。

8. 心理状态欠佳，自卑自责，忧虑抑郁，烦躁消极，敏感多疑，缺乏学习兴趣，生活冷漠，好动肝火。

  A. 经常有。 B. 偶尔有。 C. 没有。

9. 忧伤、恐惧、自暴自弃、厌学、逃学，甚至自虐想自尽。

  A. 经常有。 B. 偶尔有。 C. 没有。

计分方法

选A计5分，选B计3分，选C计1分。

【总分】 分

得分解析

9~15分：健康

祝贺你，你的身心都处于健康状态，请继续保持。

16~28分：轻微

你的生理心理已经形成早期青春期综合征,应引起重视了。请试着敞开自己的心胸,学会跟老师、家长和同学们交流沟通,避免情况加重。

29~45分:较重

你的生理、心理已经形成了青春期综合征,并影响你的学习和生活。所以,你要注意加以调节,在必要的情况下,可以向心理医生咨询并寻求帮助。

悄悄话儿:青春期男孩应该知道的事

对于进入青春期的男孩来说,"性"似乎一直是一个很神秘的东西。它让我们产生很多古古怪怪的想法和行为,给我们带来许许多多的困惑和烦恼。另一方面,也是性把我们每一个男孩变成了一个洋溢着阳刚之气的男子汉。

其实,性并不神秘,关键在于我们怎样去了解和理解它。现在,就让我们来了解一些关于性的秘密吧!

性是什么

贯穿我们整个青春期的最大特征就是性发育的开始并逐步完成。

那么,性是什么东西呢?性是生物繁衍的基础,是我们人类种族延续的前提。

小的时候,我们几乎都问过自己的爸爸妈妈:"我是从哪儿来的呀?"虽然当时我们并没有关于性的概念,但是这个问题恰恰道出了生命和性之间的内在联系。

在远古时代,在人们的意识中性就是生殖。雄性的精子和雌性的卵子相结合,所形成新的具有父母双方遗传特征的生命过程,就被称为有性繁殖。一代又一代的不断进化,几十亿年以后,就形成了我们人类。然后人类又靠着一代代的繁殖，终于主宰了地球。

从这方面来看，性其实就是一种生命繁殖的方式，甚至可以说性是自然界用几十亿年的漫长岁月孕育出来的一种创造生命的奇迹。所以，性并不下流，也没有罪恶。它是自然的、美妙的，但是如果在青春期过早涉足性行为，对我们的身体和学习都是不利的，要谨慎对待。

关于性冲动

进入青春期后，随着我们男性器官的发育成熟和我们性心理的发展，我们自然而然地就会出现性欲望和性冲动。这是我们人类的本能，是正常的。这与小孩子见到糖块就会不由自主地流口水是一样的道理。所以，没有必要因为出现性冲动而苦恼或害羞。

青春期男孩的性冲动主要表现为出现性梦、性幻想、渴望释放性冲动以及因为某些刺激而产生冲动勃起等现象。对于进入青春期的男孩来说，产生性冲动并不可怕，可怕的是有了性冲动却不能自制。因为过分地压抑性欲或过分放纵性欲都是有害的。只有正确对待性冲动才能更好地驾驭它，调节它。

我们可以把自己的性冲动当成自己的好朋友，或者是动画片、漫画、电脑游戏中的你喜欢的某个人物，给它起个名字，当你因某件事情而产生性冲动时，就想象你的好朋友来了，然后带他去玩，平时你喜欢玩什么就带他玩什么，听音乐、看书、玩电脑等都可以，这样一来，性冲动就能慢慢平息下来了。

我们可以到游泳馆去游泳，也可以进行对抗性较强的运动项目，如足球、篮球、散打、跆拳道等，达到认识自我、挑战自我的目的，在运动中释放情感。

要多看一些相关的书籍，了解健康的性知识，增强自己克制性冲动的能力，减少对性的神秘感。

克制性行为

什么是性行为呢？性行为其实有不同范围的两层意思：广义上是指一切与性有关的活动或行为，包括拥抱、接吻、抚摸等；狭义上专指异性个体之间的性行为。

医生说，青春期的男孩，心理尚未成熟，而且我们的男性器官还未发育完全，一旦发生性行为，就可能造成女性怀孕或是患上生殖系统疾病，甚至感染性病、艾滋病等。到那时，后悔都来不及了。

亲爱的男孩们，我们要洁身自好。我们的路还很长，在我们还没有能力为自己的行为负责之前，一定要克制自己的行为。

保护好自己

许多男孩认为自己是男孩，没什么可怕的，特别是在性方面。从某些方面来说，男孩的确是很少受到伤害。但事实上却并不一定。其实，男孩也会遇到性骚扰。你也许不相信，但这的确是事实。我们先看一个小故事：

> 有个男孩在一家诊所看病，第一次，男医生让男孩把衣服裤子脱掉，说要给他全身"体检"。男孩想，反正都是男的，没关系，结果这个男医生把他全身从上摸到下。
>
> 此后，这个男医生又借口还要检查，让这个男孩再去复检。第二次，男医生又做出了与上次一样的行为。

你可能会问，都是男的，摸一下有什么关系吗？是不是有点小题大做了？

不，性骚扰并不是说只有男性对女性可能有这种行为，女性对于男性，甚至同性之间也可能存在性骚扰的行为。

那么，一旦面对性骚扰，我们该怎么办呢？

我们要对性骚扰有一个明确的概念，这样才能在遇到这类事情时，正确地判断和拒绝。例如有时，一些人会以各种借口诱使你，比如说是"体检"，比如拉你看不良影片……这些在你看来并不是什么大事的行为，最后往往都与你想象的不一样。如果我们不懂得拒绝，不懂得保护自己，就有可能受到伤害。

如果你遇到了骚扰，请记住这不是你的错，不能因此而痛苦、胆怯，或是因为害怕别人知道而不敢对父母、老师讲，把自己隐藏起来。正确的做法是尽早告诉你的父母、师长，寻求帮助，必要时还可以找心理医生，或去医院做检查。同时，我们要勇敢地报警，让那些侵犯者受到应有的惩罚！

做好生理保健

对于我们进入青春期的男孩来说，我们的男性器官迅速发育，这个时期要注意卫生，每天睡前都要清洗一下，尽量选择全棉的、宽松舒适的内裤，要经常换洗。

在运动或游戏时，要避免自己的男性器官遭受剧烈的撞击和踢打，否则就可能受伤，严重的伤势甚至会影响将来的生活。

另外，还需要注意的一点是，我们的男性器官更适合偏低于我们体温的温度，所以，不要用过热的水洗澡，更不能洗桑拿浴。当生殖器官局部出现不适时，最好用温水清洗。

不要天天穿牛仔裤，特别是夏天更不宜长期穿。因为牛仔裤一般裤型较瘦，对我们的男性器官包裹较紧，会使局部温度过高，并且，牛仔裤质地较厚较硬，容易摩擦我们的男性器官，这对正处于发育期的男孩也是很不利的。

总之，我们一定要注意上面这些问题，这样我们才能充满自信地面对青春，快乐地成长！

心灵直击：你敢于尝试新鲜事物吗

现在的社会在飞速向前发展，新鲜事物更是层出不穷。作为这个时代的小主人，我们在成长的过程中，会接触这些新鲜的事物，而你对此做出的反应，在很大程度上显示出你适应新生事物的能力。

那么，你想知道自己敢于尝试新鲜事物吗？你想知道自己对生活的追求态度吗？那就来做一做下面的测试吧！

1. 学校为了实现教学现代化的目标，在新学期将计算机房全面对外开放。同学们都非常踊跃地报名要求上机，而你的水平不太高，那么，你会：

A. 不报名去机房学习，自己回家慢慢学。

B. 机房的开放使你学习计算机的热情高涨起来，狂热地想到机房学习。

C. 去机房学习，有不懂的问题虚心向别人请教。

2. 新春佳节，你应邀参加好朋友组织的派对。当新年的钟声敲响时，大家都兴高采烈地载歌载舞。而你一直是不擅长歌舞的，这时，你会：

A. 和大家一样站起来，大大方方地学着跳。

B. 仍旧坐在座位上，看大家跳。

C. 在好朋友的再三邀请下，在一个不被人注意的角落偷偷跟他学着跳。

3. 假设你在一次科技竞赛中获得名次，得到了一个去异国访问的机会。这是一个英语国家，而你的英语不是很好。这时，你在异国他乡：

A. 很少和当地人交流，只在万不得已的时候，使用你所掌握的词汇和句式勉强交流。

B. 只用母语，然后通过翻译和别人沟通。

C. 把这当作一个锻炼的机会，尽量多使用英语，即使说错了也不怕别人笑话。

4. 你不小心把爸爸新买给你的ipad弄坏了。你不想告诉爸爸，想自己解决。你会：

A. 用自己积攒的零花钱，拿到修理店修理。

B. 求助于你精通电子产品的好朋友，请他帮你修理。

C. 查看技术手册和使用说明书，买回材料，自己试着把它修好。

5. 班干部改选，你从班长变成了生活委员。这天，新班长请你协助他做一项工作。你会怎么做呢？

A. 帮助新班长工作，但在过程中提出了很多要求。

B. 毫不犹豫地拒绝了，因为班长是他，而不是你，这是他的工作。

C. 毫无怨言地马上和班长埋头工作，并尽量把它干好，这毕竟是班集体的事！

6. 进入期末复习阶段了，各科老师都相继组织答疑。你也向老师提出了问题，但是你没听懂老师的回答。那么，你会：

A. 继续质疑，直到弄懂为止。

B. 假装听明白了，因为不好意思耽误大家太长时间。

C. 老师讲什么你就记什么，不懂的地方课后再查。

计分方法

题号	A	B	C	题号	A	B	C
1	0	10	5	4	0	5	10
2	0	10	5	5	5	0	10
3	5	0	10	6	5	0	10

得分解析

46～60分：从不畏惧挑战

对于你来说，"新"和"挑战"是一组同义词。你向往、尝试任何新的人、事、物，对生活充满了信心。即使是一个未知的领域，你也敢于大胆涉猎。但你要知道物极必反，有时候过于自信，不肯接受别人的帮助反而会害了自己。敢于尝试可以使你前进，但走得太远也可能会带来危险哦！

26～45分：谨慎行事

你最终会和陌生的人、事、物交上朋友，但这通常需要较长的时间。谨慎可能是件好事，但它有时候会妨碍你发现自己真正的能力。所以不妨抓住一次机会，尝试一下，你可能会有意想不到的收获！

0～25分：畏缩不前

你会轻易地被从未尝试过的事物征服或吓倒。你总是认为别人希望自己的表现能像专业人士那样令人满意，其实是你对自己的期望太高了。不管怎么样，当你下次再犹豫的时候，激励自己勇敢地尝试一下新的东西吧！

青春滋味：远离青春期情感烦恼

青春是一种什么滋味呢？当我们平静的心湖不经意间散开一圈涟漪，当我们开始不自觉地关注异性，开始对她们充满好感，开始喜欢与异性接触和交往的时候，我们的心也有了不同的滋味：有酸、有甜，甚至还有淡淡的苦涩。

原来我们已经进入了"情窦初开"的青春期！这种朦胧的情感让我们在欣喜中，又夹杂着恐慌。我们说过了，这种青春的情感是美丽的，有这种情感，才证明我们在正常地成长！就像果树要发芽、长枝、开花、结果一样。

从某方面来说，对异性产生好感的心理是有一定的积极意义的，因为这种感情是我们未来发展健康的爱情、婚姻，组建和睦家庭的心理基础。因为这种感情可以让我们学会如何去关注他人、体验别人的需要和情感。

所以，当这种情感降临到你身上时，不要感觉羞耻，也不要感到惊慌，因为它是很自然，很纯真的。然而，体味这种美好的情感的同时，我们也会有很多烦恼。

有些男孩将这种初期的异性思慕与吸引误以为是"爱情"，过早地陷入情感的旋涡不能自拔。这是由于我们青春期的少男少女在社会阅历、知识水平、认识能力和生存能力等方面还有待发展。一般说来，我们在青春期主要会遇到三种情感上的烦恼。它们都是什么呢？让我们来看一看吧！

早恋

这个话题我们已经熟悉得不能再熟悉了。然而到底什么是早恋呢？按照专家的说法，就是在青春期或青春期以前就出现过早恋情的现象。

我们在青春期发生早恋多与环境因素和性萌发有关，也有因为内心孤独、空虚，心理上缺乏支持而产生早恋的。

不管出于什么原因，我们都不要盲目发展这种感情，也不要认为这种感情会顺利地向自己期望的方向发展，当然也不必刻意逃避它。要知道，一切不合乎自然发展的做法，都会让人陷入一种不真实的烦恼中，只有丢开那些不切实际的幻想，让交往自然地进行，做好自己该做的事，我们才能正确处理这种情感。

这里给青春期男孩两条小建议：一是不要轻易随便地表达自己的情感，珍爱自己，让自己的情感在最合适的时候赢得真正属于它的精彩；二是要尊重自己，不要做出违反学生行为规范的事情。记住：花儿开得过早，会提前凋零，是结不出饱满的果实的。只有翅膀上去掉了枷锁的鸟儿，才会飞得更高！

青春忠告：网恋，一场游戏一场梦

当今社会，网络已经成为我们生活中不可缺少的一部分，回家上上网，就像看电视一样自然。我们在网上花费了太多的精力，也许是因为我们在成长的过程中有太多的烦恼无处倾诉，也许是因为好奇，也许是因为心理需要，也许只是出于游戏的心理……

不管是什么，正处在青春期的我们对朦胧的情感充满幻想，一个不小心，就会掉入一个虚幻的网络"爱情"的陷阱，在网络上驰骋自己的爱情幻想，被虚幻的美丽迷惑。

对于我们青春期的男孩来说，网恋之所以迷人，可能是因为网上"恋人"更善解人意。

另外，隔着网络屏幕，不必担心自己的"缺陷"，可以随便地表达自己的情感，或者美化自己。

我们要知道，网络是虚幻的，而网络中的"爱"真真假假，让我们难以分辨。隔着屏幕，我们怎么能确认网上"恋人"是真还是假？有时，我们更无法识别网恋背后的陷阱。

网恋是很浪费时间的，也会影响我们的学习和生活。因为你要想和网上"恋人"交流必须用很多的时间泡在网上，这样时间长了你会对身边的事物不感兴趣，也会慢慢地跟自己的朋友们变得疏远。

因为你所有的感情和思绪都进入了这个虚拟的世界，你认为这个世界才是你的唯一。其实这样想是错误的，因为网恋毕竟是停留在虚拟的世界里，但是总有一天你会回到现实生活中，所以请你不要在这个虚拟的世界里耽误太多的时间和精力了。

同时，由于在网上"谈恋爱"互相看不到对方，青春期男孩又比较爱幻想，很真诚，感情比在现实中更深入，也更投入。这样，一旦失去网上"恋人"或被遗弃，内心是很痛苦的。

换个角度想一想，为了一个从没见过面的人而伤心难过，甚至痛不欲生，值得吗？我们应该明白，网恋是虚幻的，不真实的。我们应该懂得珍惜现实生活中那些真正给予我们关爱和帮助的人。

朋友们，我们的青春很短暂，请珍惜我们的花样年华。在走进情感误区的时候，大胆向网恋说"NO"！这样才是快乐、健康的阳光男孩！

一触即发：你是否有早恋的倾向

青春期的我们，总会有那么一种朦朦胧胧的情感，希望自己能有一个恋爱的机会。然而，事情可不是那么简单。

首先你得想想，你对自己了解多少？你真的懂得什么是爱了吗？我们要读书、要做功课，你的时间够不够？

一般说来，处于青春期的少男少女有早恋倾向很正常。但据调查，早恋的成功率相当低，而且往往会影响我们的学业。如果你现在很困惑，那就做做下面的测试吧！了解一下自己，看看自己的是不是有早恋的倾向了。然后，你就知道自己该怎么做了！

		是	否
1.	近期很喜欢购买比较时髦的衣服。	□	□
2.	现在非常喜欢照镜子。	□	□
3.	突然间很注重自己的仪表了。	□	□
4.	经常在写作业的时候想到别的事情。	□	□
5.	现在不如以前爱学习了，成绩也下降了。	□	□
6.	最近常常感觉和家人说不到一起，变得生疏了。	□	□
7.	感觉自己比以前忧郁了。	□	□
8.	有时兴奋，有时烦躁不安，有时忧郁，情绪比较不稳定。	□	□
9.	有时会对周围的人说谎话。	□	□
10.	回家之后喜欢一个人待在房间里。	□	□

11. 喜欢看一些关于爱情方面的书籍。　　　　　　□　□
12. 经常写信但又害怕家长看见。　　　　　　　　□　□
13. 喜欢看关于风花雪月的电视节目。　　　　　　□　□
14. 现在一有空就想去外面玩。　　　　　　　　　□　□
15. 近来经常光顾公园、溜冰场等娱乐场所。　　　□　□
16. 自己收藏了一些来历不明的小礼物。　　　　　□　□
17. 经常去礼品店购买礼物送给同学。　　　　　　□　□
18. 近期经常接到异性的电话。　　　　　　　　　□　□

计分方法

选择"是"计1分,选择"否"计0分。

【总分】　　　分

得分解析

0~6分：无早恋倾向

你现在没有早恋倾向,在你的心中学习更重要。

7~13分：有早恋倾向

你现在没有早恋,但已经有早恋的倾向了,要注意自我调节。

14~18分：早恋进行中

现在的你恐怕已经在早恋了,千万不要因此耽误了学习!

第八章　友谊连连看

在成长的路上，友谊有助于我们的精神得到升华。一个得不到友谊的人，总是处于孤立无援和郁郁寡欢的境地，对身心健康不利。如果你想要得到别人的友谊，就请随时准备伸出你的手！

青春学分：谁的青春不需要友谊

亲爱的男孩们，你们知道吗？在我们每一个人的生命中，会遇到很多的人：亲人，老师，同学，陌生人……而在这些人中，有一种人，在我们最需要帮助的时候，给我们勇气、鼓励、关心和支持，那就是朋友。

我们的世界，因为有了朋友而变得更快乐，因为有了朋友变得更有活力。真的不敢想象，如果没有了朋友，我们的生活会变成什么样。我们的秘密要跟谁说呢？我们的快乐要与谁分享呢？我们的痛苦要与谁分担呢？我们的青春要与谁一起演绎呢……

是啊，如果没有友谊，我们的青春就会有缺憾。我们离不开友谊，就像我们离不开父母一样。不过，我们要知道友谊不是凭空而来的，它同其他感情一样，是需要我们耐心地培养和呵护的。如果你正因为友谊的问题而苦恼，那就看看下面的小秘诀吧！

主动结交

你发现了吗？朋友越多的男孩，往往是那些勇于率先伸出友谊之手，主动去亲近对方的男孩。

其实，主动去结交一个朋友，是很容易的。你可以真诚地请他帮一个忙，或者主动去帮助他。记住，帮助他人也是我们克服害羞和恐惧心理的一个好方法。

我们还可以主动地找朋友谈谈心，讨论一些问题，交换一些意见或者互相传递一些信息。也可以一起打球、下棋、外出游玩等，这些都能加强我们与朋友之间的了解和信任，增进友谊。

同甘共苦

我们要懂得朋友不仅要同快乐，更要同忧患。当朋友有了困难，毫不犹豫地第一个冲出来去帮助朋友解除困难的男孩，更容易赢得友谊。

真诚以待

对朋友我们要真诚，如果一个人表面上总是说些好听的话，心里想的却不是那么一回事，伪装、说谎、献殷勤，这样的人是不会获得真正的友情的。

我们要记住，只有真心地希望朋友好，有什么话当面说出来，不做小动作，也不在朋友面前掩盖自己的缺点，隐瞒自己的秘密，勇敢地向朋友敞开心扉，朋友们一定会感受到我们的诚意。真诚相待，彼此信任，这样的友谊才会长久。

客观批评

不要以为是朋友就能肆无忌惮地说话，以为是为了朋友好，就可以"狠狠"地揭短，这样，你的朋友只会越来越少。因为，我们男孩的自尊心是很强的，所以，在批评朋友的时候，一定要注意，不要随意就说"你错了"，也不要在公开场合批评别人。

朋友有错，我们可以委婉地提醒一下他，和朋友说理，点到为止就行了，千万不要摆出一副好为人师的面孔，这样的人谁不烦呢！

不搬弄是非

有些男孩很喜欢搬弄是非、道人长短，甚至以此为乐。这种行为最让人讨厌了，而且最容易破坏与朋友间的友情，给人不好的印象。所以，一个聪明而有礼貌的阳光男孩是绝不会在背后说人的坏话、搬弄是非的。

不强加于人

有些男孩有很强的支配欲望，希望别人都听自己的，在人际交往中，这是很不利的。

因为即使再要好的朋友，也都会有不同的兴趣和性格，有自己的做事方式。所以，如果你是支配欲很强的男孩，就要注意了，不要强迫朋友接受自己的意见。如果有不同的看法，可以心平气和地讨论。如果你总是表现得很武断，那么，你的朋友很可能会被你逼得逃走！

宽容待人

人们常用"宰相肚里能撑船"来表示男子汉的宽广胸怀，宽容也是阳光男孩赢得友谊的重要法宝之一。

首先，我们要有度量，不要小心眼，看到别人也想与自己的朋友结交，就一脸的不高兴。你可以与某个朋友结交，其他人也可以。

其次，我们要明白，朋友不是件物品，我们不能把他据为己有。

再次，宽容还表现在善于了解和谅解自己的朋友。朋友的伤害往往是无心的，多记住朋友的好，忘记不快，对朋友慷慨大方点；不要总把帮助朋友的事挂在嘴边；朋友批评自己时，要平心静气地听他说。

最后，在朋友面前要尽量控制自己的脾气，朋友可不是"出气筒"！

不依赖

既然是友情就不可缺少互助，不能互助就称不上是好朋友了。但是，我们不能事事都依赖朋友，如果这样，那只会累坏了自己的朋友。只有确实到了自己无法解决，而朋友能帮助解决时再请求帮助，这样才能产生更浓厚的友情。

多沟通

友情并不是不可变的，也不是一帆风顺的，在友情的路上，偶尔也会经历挫折，也可能出现问题，没关系，不要惧怕，如果好友间出现了问题，多一点沟通，彼此敞开心扉谈一谈，就什么都解决了。

保留空间

于丹教授说："你有事没事总是跟在朋友旁边，虽然看起来亲密，但离你们俩疏远也就不远了。"所以，我们要给自己的朋友多留些空间，无论多好的朋友，无论关系多么密切，如果太过于亲密，就会给对方造成很大的压力。

保留友情的空间还体现在尊重对方上，不要打探朋友的隐私，朋友不愿说的事也不要刨根问底，更不能在别人面前说三道四。

每个人都有自己的生活，懂得给自己的友情一个适度的空间，这样的友情更长久。

其实，赢得友谊的秘诀很多，如果你能铭记下面的交友箴言，无疑会帮助你找到更多真心诚意的朋友。

交友箴言

彼此信任，光明磊落，莫要板起面孔；

互相尊重，互相谅解，莫要固执己见；

情趣高尚，志同道合，莫要自视清高；

讲究信用，言行一致，莫要忽视仪表；

讲究原则，坚持真理，莫要揭人之短；

真诚待人，实事求是，莫要玩弄奸诈；

解人之危，见义勇为，莫要有失气度；

相互谦让，虚怀若谷，莫要目中无人；

济贫救困，同舟共济，莫要卖弄聪明；

态度和蔼，满腔热忱，莫要顾此失彼。

我们在交友中，如果能做到上面这些，那么，你就会拥有很多朋友！

成长导航：结交朋友其实并不简单

结交朋友可谓是我们人生中的一大快事，朋友可以伴我们走过苦难，可以同我们一起哭，一起笑。所以，我们要广交朋友。但广交朋友，可不等于滥交朋友啊。有一句话说得好："一个善良的朋友能将人带入天堂，而一个邪恶的朋友能将人引入地狱。"确实如此，朋友的好坏，关系到我们一生的成败。

所以，交友就要广交良友。对于我们来说，结交朋友也许很容易。然而，在茫茫人海中如何交到一位良友，却并不是一件简单的事，里面的学问大着呢！

朋友分类

朋友有很多种，一般说来，朋友可分为6类：

第一类是泛泛之交。所谓泛泛之交，就是友谊淡薄、交往不深的朋友。这类朋友主要是普遍性的朋友，如全校所有的同学都可以称为是我们的朋友。

第二类是兴趣相投的朋友。就是友谊较深，有共同的兴趣，在学习上或是在生活中经常有联系，有接触的朋友。如在篮球场上、舞蹈班里结交的朋友。

第三类是功利性的朋友。在这类朋友之间功利远远重于感情，互相戒备，不信任。有利用价值的时候，友谊"牢不可破"；一旦没有了利用价值，友谊也就随着飞走了。

第四类是可信任的朋友。这种朋友，彼此感情真挚，互相信任，你从来都不必担心他会背叛你或出卖你。

第五类是知心朋友。就是有共同理想，在成长的道路上"你帮我，我帮你"，相互打气，能携手合作、共同进步的朋友。

第六类是真正的知己好友。这类朋友，彼此之间绝对信任，可以悲欢与共，苦难同当。

话说回来，我们为什么要交友呢？我们交友的目的不是仅仅为了排遣寂寞，更不是为了获取个人利益。交友是为了相互帮助、互相勉励，互相学习、共同前进，正所谓交友难得一知音。弄清楚这一点，我们才能交到真正的良友。

慎重择友

我们渴望友情，总是不惜一切想去结交朋友。然而，有的男孩由于缺乏经验，交友的时候往往很盲目，不管对方是什么性格、什么类型的人，没见几次面，没说几句话，就交上了朋友，这往往会上当受骗。

所以，慎重是择友的第一原则。慎重择友就是要互相了解，互相了解了才能信任，才能彼此交心。

对我们正处在学校中的男孩来说，最好交学生朋友，尽量少结交校外一些不了解的朋友。

忠于友情

良友之间，就要做到忠于友情，患难与共。怎样才是患难与共呢？就是当朋友遇到困难时，应尽力帮助他；当朋友犯错误时，应从思想、学习和生活上给予帮助，使其改正错误，轻装前进。

患难与共还表现在不以势择友，见利忘友，甚至遇难弃友。在现实生活中，有的人以金钱和权势作为择友的准绳，有利可图的时候，就奉承结交，无光可沾时，就冷如冰霜，假装不相识；当朋友有急事难事时，就避而不见，甚至反目为仇，落井下石。可以断言，这种人不能给人以真诚的友谊，也永远交不到真正的朋友。只有那些在朋友最困顿的时候，还能不变初衷地支持扶助朋友的人，才是真正的朋友。

作为男孩，我们要多结交能够患难与共的朋友，这样一来，我们的人生才会更完美。

现在我们知道了交友的原则，那么，我们到底要去哪里交友呢？你是不是觉得自己的圈子太小，无处交友？其实，在我们的身边，处处都有机会可以交到好朋友。

首先，学校是我们交友的重要场所，同学是我们交友的重要对象。如果你有特殊爱好和专长，那么，在业余活动中你就可以结交一些爱好相同的朋友。逢年过节，到朋友家串门玩耍时，也可以通过朋友认识新朋友。同时，多参加郊游、业余兴趣班、演讲等活动，在这些场合你总会遇到一些情投意合的朋友。

你想做一个善于结交良友，人人想与你结交的阳光男孩吗？那就努力做到上面的几条吧！

谁知我心：有你在我不会孤单

提到朋友，最好的朋友莫过于知心朋友。他们是除了父母以外对我们最忠诚、最关爱的人。就像小虎队的那首《难得知心的朋友》中所唱的那样：

难得知心的朋友，
世上能有几个对我无话不说。
难得知心的朋友，
几次分分合合还能如此真心对我。
难得知心的朋友，
和我分享快乐，
……

在成长的路上，我们每一个阳光男孩都希望能够交到知心朋友。知心朋友最难得了，需要你用心对待！然而，什么样的朋友才是知心朋友呢？知心朋友有三种。

挚友

什么是挚友呢？就是两个人不分彼此，十分恳切、真挚，是以感情和原则为重的忠诚朋友。

英国哲学家培根说过："得不到友谊的人将是终生可怜的孤独者。当一个人遭遇挫折而感到愤懑抑郁的时候，向知心挚友倾诉可以使他得到疏导。否则这种积郁会使人致病。"

身处逆境或心情不快时，我们只有在知心朋友面前，才能尽情地诉说，一吐为快。因此说，挚友是亲密、诚恳、忠诚的朋友。

诤友

勇于当诤友，乐于交诤友，是我们阳光男孩正确处理朋友关系的一个重要方面。那么，什么是诤友呢？诤友就是在朋友之间敢于直陈人过、积极开展批评的人。

人非圣贤，孰能无过？有了过失，在别人的启发帮助下，才能及时改正。特别是朋友之间，因为互相接触得较多，了解也很深，因此，更能清楚地看到我们的缺点和不足。

诤友为人坦率耿直，因为他们真诚地关心我们，为我们的失误痛心，真心地希望我们快乐和成功，所以，才会甘愿冒着被误解、被怨恨的风险，毫不留情地批评我们，在我们头脑发热时，及时地"泼冷水"，让我们清醒，给我们指明正确的方向。所以才有人说："人生最难得的就是诤友。"

其实，我们不仅要结交诤友，还要努力让自己成为诤友。不要以为对朋友只能赞扬，不能批评；发现朋友犯错误或犯罪时，包庇袒护，相互吹捧，才是朋友。事实上，这样的朋友关系是不正常的。这不是爱朋友，而是害朋友！

密友

顾名思义，密友就是两人之间亲密无间、感情相通，亲如兄弟。当我们犯错的时候，密友会用同情、抚爱和鼓励我们。在密友面前，我们可以无话不谈，可以自由地发泄自己的情绪。这种友情是暖暖的，贴心的。

不管是挚友、诤友还是密友，他们都是我们最亲密、最知心的朋友。在挚友面前，我们可以得到最忠诚、最恳切的帮助；在诤友面前，我们所有的过失和错误都能得到及时指正；在密友面前，我们可以得到温暖和抚爱。

真正拥有知心朋友的男孩，一定是最幸运的男孩！请珍惜你的知心朋友吧，有了他们，你就是最阳光的男孩！

友谊迷宫：你们的友谊有多深

都说"人生得一知己足矣""友谊万岁"。今天，就请你和你的朋友一起进入这个"友谊迷宫"吧！在几个小关卡上做出选择，看看"友谊天使"会给你们各自一个什么样的封号？不要紧张噢，真金不怕火炼嘛！

第一关：感情阴晴表

1. 约好一起去"友谊迷宫"，到时间却看见好友和别人先走了，且那人正是与你有矛盾的人，你会：

A. 冲上前责问好友为什么失约。

B. 在目的地等好友，询问其原因，看他的解释决定自己的态度。

C. 在目的地等，一如既往对待好友，绝口不提此事。

2. 好友邀你心仪已久但从未流露爱意的异性前往做啦啦队，你会：

A. 高兴得恨不得拥抱好友，趁机要求好友代为传达心意。

B. 责备好友，在她面前不知所措。

C. 不做任何表示，像对待一般同学们那样对她，表示欢迎。

第二关：性情跷跷板

1. 好友开玩笑过火，当众说了一些令你很难堪的话，你会：

A. 为了维护自己的面子不惜当面与其争执。

B. 从此不理睬好友。

C. 不予计较，找合适的机会解释。

2. "友谊天使"在"迷宫"门口欢迎你们，你可能注意或议论：

A. 她的发型、衣着、容貌。

B. 她的身材、气质。

C. 她的谈吐。

第三关：素质监测仪

1. 进入"迷宫"探险，地上发现一条类似毒蛇的、令你惊恐的动物，你会：

A. 大叫一声，躲在好友身后或迅速逃跑。

B. 大叫一声，拉着好友跑开，另找一条路。

C. 将好友拉到身后，就地拿起棍子一类的工具，小心地从它身边绕过去。

2. 游戏测试，好友连续抢答倒扣分，你会：

A. 责怪好友，要求自己掌握抢答铃。

B. 告诉好友你不在意，要其继续抢答。

C. 鼓励好友，但必须抢先把手放在抢答铃上，以便控制抢答时机。

计分方法

选择A计10分，选择B计5分，选择C计3分。将三个关卡六项测试的得分相加。

【总分】　　分

得分解析

18~28分：激励互助型

你的性格内向，理智、积极，有较好的协作精神和忍耐力，意志坚强，但缺乏浪漫情调。你不擅交朋友，但很得朋友信任，你的朋友认为和你交友受益匪浅。

"友谊天使"封号："暖水瓶"朋友。外冷内热，不认识不知道，认识他才不由得感慨：很温暖噢！

29~38分：互为补充型

你的感情丰富但内敛，待人随和，自理能力强，处事果断，乐于助人且不张扬。你的朋友很多，许多人认为和你相处是一种享受。

"友谊天使"封号："矿泉水"朋友。外表像自来水，但内蕴丰厚，除解渴外还供给多种矿物质。

39~49分：关怀依赖型

你的自制力差，性格软弱，心理承受能力差，但却富于幻想，追求浪漫情调，对朋友依赖性很强，甚至有强烈的占有欲。你很喜欢交朋友，但交往时间较长朋友很少，容易与朋友交往过密，影响生活和学习。

"友谊天使"封号："蜜糖"朋友。友谊需要黏、甜，但一点点就够了，多了则苦。

50~60分：独立自恃型

你有些自以为是，容易感情用事，嫉妒心很强，凡事过于强调自我，斤斤计较，对朋友极为苛刻，容易翻脸不认人。你的朋友很少，大多比较单纯、软弱。你的内心世界空虚孤独。克服自身缺点，提高自身素养，才能帮助你走出狭小的自我天地。

"友谊天使"封号："醋"朋友。多了不行，打翻了更不得了。

纯洁友谊：男女孩交往是青春的权利

亲爱的男孩们，你的同桌是男生还是女生呢？如果你的同桌是女生，那么，你们的课桌上有"三八线"吗？你有没有与同桌因为"三八线"而争吵不休呢？

哈哈，这就是我们进入青春期的少男少女啊！一条"三八线"就隔开了我们与女生正常的交往。但是，我们还是偶尔会私下里这样议论：某某和某某放学一起回家了，某某和某某下课后没有出去玩，在教室里说悄悄话……这为男女生的交往蒙上一层神秘的色彩。

其实，这并不神秘。男孩女孩交朋友，是很正常的。是我们生活中重要的组成部分，是我们在成长历程中不可或缺的。否则，我们的青春岂不是太单调乏味了？懂得了这个道理，你是否解除了对异性交往的神秘感、甚至恐惧了呢？在你心灵上潜意识的"三八线"是否应该悄悄地撤掉了呢？

友谊互补

事实上，男孩女孩之间的交往不但是正常的，而且还有很多积极的意义呢！友谊可以互补，对男孩来说，我们一般都喜欢文静、温柔、心细、体贴人的女孩；而女孩呢，一般都愿意和那些兴趣广泛、知识面宽、思想活跃、性格开朗的男孩接触。

男孩女孩各有各的优点，与异性交往能够增进相互了解，消除相互的神秘感。而且，正常的异性交往能够促进男孩女孩发扬自己的优点，使我们的个性特点更加鲜明，同时，也便于相互之间取长补短，提高我们的交际能力等。

不过，现实生活中，少男少女交朋友，往往遭到家长的反对和同学们的误解。这种误解，既有世俗的偏见，也有我们自身的原因。因此，我们结交异性朋友时，问题并不在于相互能不能相处，而在于如何适度地相处。

掌握分寸

我们要明白友谊是彼此之间互信、互助的关系，这种关系不分男女，可以很深，也可以很浅，可能是长久的，也可能是短暂的。这种友谊像我们生活里的一面镜子，照亮了自己，也照亮别人，给我们带来亲善，带来光明。

不可否认，青春期的男孩女孩的友谊之中可能含有互相倾慕的成分，所以，我们应该保持必要的分寸和距离，不能太过亲密。但这并不意味着我们的交往就要遮掩。只要做到自然适度，心中无愧，就不必有太多的顾虑。

有些男孩困惑了，怎么样才算自然适度呢？所谓自然就是在与异性交往的过程中，在言语、表情、行为举止、情感流露及所思所想，要做到自然、顺畅。自然的最好体现就是像对待同性朋友那样对待异性朋友，像进行同性交往那样进行异性交往。

所谓适度，就是交往的程度和方式要恰到好处，能够被大多数人所接受。既不因异性交往过早地萌动情感，又不因回避或拒绝异性而对双方造成心灵伤害。

异性交往六个不

1. 不过分拘谨。要落落大方，既不过分夸张，也不闪烁其词；既不盲目冲动，也不矫揉造作。该说的说，该做的做，需要握手就握手，需要并肩就并肩。

2. 不过分随便。要避免嬉笑打闹、你推我搡等行为。

3. 不过分冷淡。过分冷淡会伤害对方的自尊心，也会使人觉得你高傲无礼，孤芳自赏，不可接近。

4. 不过分亲昵。交往时要自尊自爱，言谈举止要文雅庄重，切不可勾肩搭背。

5. 不过分卖弄。不要自以为见多识广就讲个不停，也不要有理不让人。当然，也不要过分严肃。

6. 不违反习俗。多参加集体活动，尽量不要在公园、电影院或宿舍等场合或夜晚在偏僻、昏暗的地方单独相处。

理解尊重

男孩与女孩由于生理、心理上的不同，因而在气质、性格、体质、爱好等方面也有所不同。因此，男孩与女孩发展友情时，要互相理解，互相尊重，互相学习，互相帮助，才能使友谊不断发展。

尊重女孩，就要避免乱开玩笑，动手动脚，或者满口脏话。谈话中涉及两性之间的一些敏感话题时要注意回避。不要随意摸女孩子的头发、头部、肩膀，也不要稍不如意就动手打女孩肩膀、背部、脸部等。

交往广泛

异性交往中，最好不要长期只与一位女孩交往，所有女同学我们都可以接触，最好形成梯次结构的交往圈，不要把过多的情感赋予某个特定的女孩。这样我们才有更多的机会了解各种不同气质、性格的异性朋友，丰富我们自己的个性。

保持距离

一位人类学家曾经提出，正常男女生交往的空间距离是44厘米以上，低于44厘米这个距离，就属于"亲密距离"，在异性之间，只限于夫妻和恋人。为此，男孩和女孩在交往中应该保持这个"安全距离"。

不管怎么样，纯洁的异性交往是我们"青春的权利"！我们有权利与女孩发展友情。不过，在异性交往中，我们要牢记上面的法则，那么，就会发现，自己的青春因为有了她们更绚丽，自己的生活因为有了她们更阳光！

测试一下：你能得到大家的欢迎吗

严格说来，我们生活中的每一个阳光男孩，都是讨人喜欢、受人欢迎的。但由于个人因素不同，受欢迎的程度也各不相同。那么，你是属于哪一类型呢？做完这个测试，你就可以知道了！

不过，当你明白自己受欢迎的程度后，希望你找出自己不够完美的地方，扬长避短，慢慢你就会成为一个人人都欢迎的阳光男孩了！

	是	否
1. 你看不看报上的社会新闻？	□	□
2. 你肯不惜一切招待朋友吗？	□	□
3. 你真正喜欢孩子吗？	□	□
4. 你喜欢跟人聊天吗？	□	□
5. 在你自己运气坏而朋友成功的时候，你是不是真的替朋友高兴？	□	□
6. 你和别人一起消费，是不是一定要大家平均分摊费用？	□	□
7. 你常向别人借东西吗？	□	□

8. 你是不是爱向别人吐露自己遭遇的挫折以及个人的种种问题，找别人诉苦。　□　□

9. 有时你会与朋友谈论一些他们不感兴趣的话题，只因为这些话题能引起你的兴趣。　□　□

10. 你是否觉得你3位最好的朋友都不如你？　□　□

11. 你总是独自进餐吗？　□　□

12. 你是否自动地、不经思考地随便表示意见？　□　□

13. 在匆忙上学的路上，别人向你打招呼："你好啊！"你会停下脚步，认真回答他们吗？　□　□

14. 用公用电话打电话时，你总是说个没完，让其他人在一旁等得着急吗？　□　□

15. 你是否把自己喜欢的画挂在自己卧室的墙中央？　□　□

16. 告诉别人一件事时，你是否喜欢独占谈话时的话题，并且细枝末节都说得很清楚？　□　□

17. 你认为自己说话毫不避讳的态度是对的吗？　□　□

18. 你跟朋友约会时，是否让别人等你？　□　□

19. 你是否经常发现朋友的短处，要求他们去改进？　□　□

20. 你喜欢拿别人开玩笑，丝毫不顾别人的心情、自尊吗？　□　□

21. 在打桥牌或做类似游戏时你喜欢把牌散开再合起来，并不停地反复吗？　□　□

22. 你认为中年人恋爱是愚蠢可笑的吗？　□　□

23. 你确实不喜欢的人，超过了7个吗？　□　□

24. 不到每个人都疲倦之极，你就不会告辞吗？　□　□

计分方法

1~5题，选择"是"计1分，选择"否"计0分；6~24题，选择"是"计0分，选择"否"计1分。

【总分】　　分

得分解析

统计你的得分，得分越多，就表示你越受欢迎。最高的分数是24分。但是，假使你的分数不到24分，你也不要认为自己就是不受欢迎的人，只要有18分，你就是一个很讨人喜欢的人了。

警世通言：这些雷区千万踩不得

很多男孩难以理解，为什么别人很容易就能赢得深厚的友谊，而自己却是一友难求呢？

也许你会困惑地发出这样的感叹："与人相处太难了！"或许是吧，不过也许是你不小心踩到了交友的"雷区"了。

其实，就算是真正的好朋友、知心朋友，与之相处也要注意一些交友禁忌，这样才不会引起对方的误解，才能拥有更长久的友谊。

哥们儿义气不可取

重视友谊是男孩的天性，朋友有事能够挺身而出这也是好事。但是，交友要得法，要交挚友、净友或密友，切不可交那些"酒肉朋友"。这些人根本不懂得友谊的真正意义，只知道"哥们儿义气"，为了"哥们儿"就黑白不分，是非不明，到处惹是生非，甚至走上犯罪的道路。这是愚蠢而野蛮的"哥们儿义气"，不是友谊。

2017年2月，罗某的朋友何某和龙某发生口角，罗某便要毛某出面找龙某讲好话进行协调。于是毛某和龙某等相约在个酒店旁一起协商和解。

谁知道，龙某的朋友孙某先和罗某两人发生言语争执，后罗某踢了孙某大腿和腹部两脚。龙某见状，便打电话纠集刘某等人来报仇。

毛某见情况不对，要罗某等人先走。当罗某走出不远，被手持砍刀的龙某、刘某等四人追上，并围着罗某用刀砍，致其头部、手部等多处受伤。

后经司法鉴定，罗某伤情构成轻伤。于是，犯罪嫌疑人刘某等便被依法执行逮捕了。

这事件就是由"哥们儿义气"引发的。"哥们儿义气"是一种狭隘的小团体意识，它最大特点就是只讲交情，不讲是非，为了所谓的义气，甘愿为朋友"两肋插刀"。这样做不仅会害自己，还会害朋友，给国家和社会带来危害。以"哥们儿义气"为交友之道的人，无疑是盲目的、糊涂的。

在日常生活中，难免会与他人产生摩擦和冲突，对一些小矛盾，我们应当宽容一些、忍让一些、大度一些，这样做于人于己都好。正所谓："退一步，海阔天空；让三分，心平气和。"

真正的友谊是高尚的、纯洁的，因为友谊是有原则的，是会给人们带来幸福的，是能够给生活带来欢乐的。特别是朋友之间，在思想上要互相关心，在学习上要取长补短，在生活上要互相帮助，这才是真正的"够意思"。

我们一定要远离"酒肉朋友"，无原则的"哥们儿义气"更不可取。

交友注意事项

你想让自己与朋友的友谊更长久吗？你想让自己的友谊永远"保鲜"吗？如果想，那么，有些不好的心态一定不能有哦！那么，都是哪些心态不能有呢？下面就让我们来看看吧！

一是嫉妒。嫉妒的感觉，我们肯定多少都有过吧！其实，这一种情绪，大都是在朋友的水平、能力、才华、名誉等超过自己，或取得显著成绩的时候发生的。

嫉妒其实是一种庸俗的个人主义的感情，是危害友谊的一大蛀虫。当然，一个人有嫉妒心，不完全是一件坏事，如果我们能够正确地运用这种心理，它就会成为一种推动我们前进的动力，促进我们进步；反之，倘若因为嫉妒，就心生怒火，对朋友采取敌视的态度，就可能会破坏友谊，伤朋友的心了。

对阳光男孩来说，正确的心态应该是在朋友成功时，真心地为他高兴，然后奋起直追，共同进步。正如一句名言所说："我们羡慕鸟儿的翅膀能飞，鸟儿又何尝不嫉妒我们的双腿如飞呢？与其用别人的幸福惩罚自己，还不如用自己的痛苦鞭策自己。"

二是猜疑。有些男孩，猜疑心很重，往往爱用不信任的眼光去审视朋友和看待外界事物，无端猜疑，捕风捉影。比如看到别人议论什么，就认为是在讲自己的坏话。这种心态要不得。

我们应该懂得长相知，才能不相疑，不相疑，才能长相知，"知"和"疑"之间的关系是辩证的。长相知是不猜疑的"因"，不相疑是长相知的"果"。朋友之间，只有做到互相了解、信任、交心、知心，才能使友谊长久。

所以，为了避免猜疑，我们与朋友之间必须胸襟坦白，忠实于友谊。

彼此不应向对方隐瞒、遮掩有关事情，否则就可能引起误解，破坏友谊。一旦有了误会，就要开诚布公地谈，话说开了，友谊自然就会回来了！

三是自大。有些男孩，平时很是骄傲自大，目中无人，他们往往瞧不起朋友，或者总用一种高人一等的态度对待朋友，事事争先抢上，喜欢指手画脚，指使朋友做这做那……这是一种自以为是的态度，是友谊的大敌。著名文学家老舍说过："骄傲自满是我们的一座可怕的陷阱，而且，这个陷阱是我们自己亲手挖掘的。"

朋友之间，如果有人自大、自满，就会使友谊脱离健康的轨道，变得支离破碎。没有人喜欢与这样的人交往。

四是猜忌。我们要想交到真朋友，就要信任朋友，犹如人离不开空气和水一样。如果失去了信任，也就失去了友谊，更谈不上是朋友了。

信任，也是互相的，你信任朋友，朋友自然也信任你，正像美国哲学家爱默生所讲的："你信任人，人才对你忠实。以伟人的风度待人，人才表现出伟人的风度。"互相信任，消除人为的隔阂，增进彼此的友谊，这才是真正的朋友！

五是逆反。有些男孩总爱与别人抬杠，以表明自己标新立异，对任何一件事情，不管是非曲直，你说好，我就认为坏，你说对，我就说它错。这样的逆反心理一定要改正，否则容易使别人对你产生反感，使友情破裂。

六是成见。这里的成见是指对己自由主义，事事放纵，怎么做都行，对朋友却事事计较，而且极为刻薄、挑剔，往往因为一件事情就对朋友怀恨在心，心生怨恨，从此认定对方不值得交往。

这样的心态，在交友中往往容易走进死胡同，越是与人斤斤计较，朋友就会越来越少。因为谁都不可能不犯错误，不懂得原谅的人，不会拥有长久的友情。

七是吹捧。有些男孩与朋友之间总是互相吹捧，只说朋友的好话，这其实是不讲原则的友谊，是在做表面文章，这样的男孩是不会得到真正的友谊和真诚的朋友的。

"金无足赤，人无完人。"朋友之间有短处、有错误，就应当互相批评、指正，而不是只会说些"好好""是是"的恭维话、假话。古人说得好："道义相砥，过失相规，畏友也。"朋友之间的"相砥""相规"，这样才能显出赤心，互相取长补短，共同进步。

八是好面子。我们与朋友相处时，大都是快乐的。然而也常常会有一些小摩擦，处理不好，友情就会断裂。

其实，许多摩擦，都是发生在一些无关痛痒的小事情上，往往是一次无意的碰撞、不经意的言语伤害等，只要互相打个招呼、说声抱歉，也就没事了。但有些男孩太好面子了，仿佛谁先道歉就伤了面子，所以，双方都"赌气"，不肯放低姿态，结果就争吵起来了。更有甚者，一个不让，一个挥拳相向，头破血流，事后懊悔不已。

用心理专家的话说，这就是典型的"面子"心理，是在用不适当的方法维护自尊。

俗话说"退一步海阔天空"。朋友之间有什么过不去的呢？好朋友是一辈子的，何苦因为一件小事、一句话，而成为陌路人。

只要注意以上这些交友事项，相信不久之后，你就会变成一个"处处皆朋友"的阳光男孩了。